tiramisu, panacotta

et entremets gourmands

EDITIONS ATLAS

Édité par :
Éditions Glénat

Services éditoriaux et commerciaux :
Éditions Glénat – 31-33, rue Ernest Renan
92130 Issy-les-Moulineaux

Cet ouvrage est une édition partielle de l'encyclopédie « Chocolat, pâtisserie, confiserie » publiée par les Éditions Atlas.

Crédits photographiques :
Couverture : Mascarucci / Corbis

Intérieur :
Christian Adam : 10-11, 26-27, 30-31, 52-53, 58-61, 64-65, 70-71, 84-85, 102-103, 130-133, 138-141, 146-147, 156-157, 164-171. Belem / Option Photo : 47. F. Bertram / Atlas : 22-23, 92-93. Caste / photocuisine / Corbis : 110. DR : 18-21, 24-25, 34-39, 48-51, 66-69, 72-75, 78-79, 82-83, 88-89, 106-109, 112-117, 120-129, 142-143, 148-151, 158-163, 172-173. C. Fleurent / photocuisine / Corbis : 62. B. Norris / photocuisine / Corbis : 8. Aline Princet : 12-17, 32-33, 44-45, 76-77, 80-81, 90-91, 94-97, 104-105, 118-119, 134-137, 152-155. J.-C. Riou / Sucré Salé : 56-57. J.-F. Rivière / TOP : 43. Rouvrais / CEDUS – Atlas / Asset / Option Photo : 98-99. STOCKFOOD / recto : Bayside : 28-29. STOCKFOOD / recto : Cazals, Jean : 100-101. STOCKFOOD / recto : Eising : 144-145. STOCKFOOD / recto : FoodPhotogr. Eising : 40-41. STOCKFOOD / recto : Sporrer / Skowronek : 54-55. Studio F&J / Atlas – F. Bertram / Atlas : 42, 46. J.-D. Sudres / TOP : 87. J.-D. Sudres / TOP – F. Bertram / Atlas : 86.

Achevé d'imprimer en août 2007, en Italie par
Eurografica –Via del progresso, 125
36035 Marano - Vicenza
Dépôt légal : août 2007
ISBN : 978-2-7234-6093-4

› Introduction

Le tiramisu, ce délicieux entremet venu d'Italie fait fureur, mais découvrez aussi dans Tiramisu, panacotta et entremets gourmands des recettes à la fois traditionnelles ou originales. Oeufs frais et lait sont la base de toutes ces préparations, pour créer de subtiles harmonies de saveurs, avec des épices venues d'ailleurs, des coulis de fruits, des amandes et bien sûr du chocolat. Desserts presque aérien comme cette île flottante orange-pain d'épice, véritable iceberg sur un océan de crème parfumée, ou cette symphonie de rose et rouge pour le diplomate aux framboises. Mais aussi, le grand classique, l'incontournable mousse au chocolat qui ravira tous les petits (et grands) gourmands.

L'éditeur

› Sommaire

Tiramisu, panacotta, sabayon, mousses

Couronne mousseline *à l'orange*

Ingrédients
(pour 4 personnes)

- 3 grosses oranges
- 125 g de mascarpone
- 125 g de ricotta
- 1 cuillère à soupe de liqueur au citron
- 2 feuilles de gélatine
- 2 blancs d'œufs
- 100 g de sucre en poudre + 3 cuillères à soupe
- 1 pincée de sel

Ustensile

- moule en couronne de 18 cm

1 **Le mélange des fromages.** Faites tremper 2 feuilles de gélatine dans un bol d'eau froide. Mettez 125 g de mascarpone et 125 g de ricotta dans un saladier. Ajoutez 100 g de sucre. Mélangez soigneusement au fouet à main.

2 **Le zeste râpé.** Brossez 1 orange sous l'eau tiède et essuyez-la. Râpez finement son zeste au-dessus des fromages. Mélangez à nouveau longuement. Coupez l'orange en deux et pressez-la. Mesurez environ 8 cl de jus.

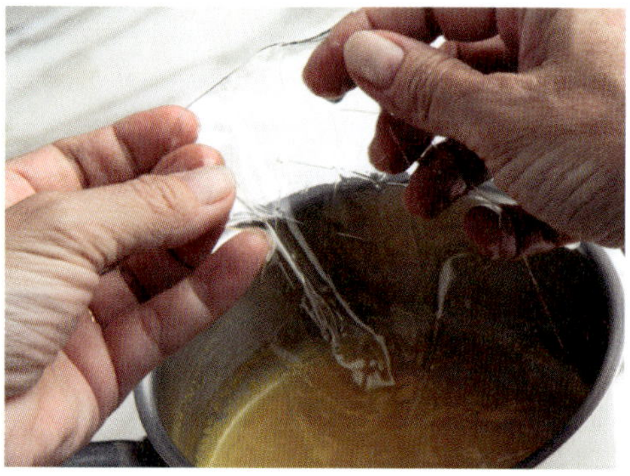

3 **L'ajout de la gélatine.** Ajoutez 1 cuillère à soupe de liqueur au citron au jus d'orange. Versez dans une petite casserole. Faites tiédir à feu doux. Ajoutez la gélatine égouttée et remuez jusqu'à ce qu'elle ait fondu. Laissez refroidir.

4 **La pose des segments.** Pelez 2 oranges à vif et détachez les segments. Posez-les à intervalles réguliers au fond d'un moule en couronne, la partie la plus étroite en l'air. Incorporez le jus contenant la gélatine aux fromages.

5 **L'incorporation des blancs d'œufs.** Ajoutez 1 pincée de sel à 2 blancs d'œufs, battez-les en neige, versez peu à peu 3 cuillères à soupe de sucre en battant toujours, jusqu'à ce qu'ils deviennent brillants. Incorporez les blancs d'œufs à la préparation.

6 **La formation de la couronne.** Déposez la préparation dans le moule avec une cuillère à soupe. Lissez la surface puis mettez au réfrigérateur et laissez prendre pendant au moins 6 h. Pour servir, démoulez la couronne sur un plat rond.

Préparation : 30 minutes | *Réfrigération : 6 heures* | *Cuisson : aucune* | *Réalisation : facile* | *Coût : assez cher*

Une jolie couronne onctueuse,
délicatement parfumée à l'orange,
véritable prélude au printemps !

›Astuce

Les moules à savarin (en couronne) n'ont pas tous la même profondeur. Celui à utiliser pour ce dessert doit avoir au moins 4 cm de profondeur pour que la couronne soit épaisse. Pour démouler la couronne, trempez le moule 10 secondes dans de l'eau chaude.

Fantaisie *au kaki*

Ingrédients
(pour 4 personnes)

- 150 g de chocolat noir
- 6 kakis
- 7 cuillères à soupe de vin doux
- 3 feuilles de gélatine
- 4 œufs
- 1 pincée de sel
- feuilles de menthe (décor)

Ustensiles

- 4 verres ou 4 coupelles transparentes

1 La purée de kaki. Épluchez 4 kakis. Coupez-les en deux et recueillez la pulpe à l'aide d'une cuillère. Mixez-la jusqu'à l'obtention d'une purée bien lisse. Égouttez 3 feuilles de gélatine ramollies dans de l'eau froide. Faites-les fondre une par une dans 7 cuillères à soupe de vin doux très chaud. Incorporez-les à la purée de kaki.

2 La mousse au chocolat. Réservez la purée de kaki au frais. Faites fondre 150 g de chocolat noir au bain-marie. Lissez à la cuillère en bois. Hors du feu, incorporez un par un 4 jaunes d'œufs. À l'aide d'un batteur électrique, montez 4 blancs d'œufs en neige ferme avec 1 pincée de sel. Mélangez-les délicatement au chocolat. Réservez au frais.

3 Le remplissage des verres. Lorsque la purée de kaki commence à prendre en gelée, répartissez-la au fond de 4 verres ou 4 coupelles transparentes. Placez les verres au réfrigérateur pendant 5 min. Versez soigneusement la mousse au chocolat sur la gelée de kaki, en prenant garde à ce que les deux couches ne se mélangent

4 Les dés de kaki. Placez les verres au réfrigérateur et laissez prendre le dessert pendant 4 h. Au dernier moment, épluchez délicatement 2 kakis. Découpez-les en petits dés réguliers. Répartissez-les dans les verres, sur la mousse au chocolat. Décorez avec quelques petites feuilles de menthe. Dégustez très frais.

›Astuce

Faites chauffer le vin doux au four à micro-ondes ou au bain-marie. Incorporez la gélatine dans le vin très chaud. Veillez à ce qu'elle ait entièrement fondu avant de l'ajouter à la purée de kaki.

Préparation : 50 minutes | *Réfrigéraation : 4 heures* | *Cuisson : 10 minutes* | *Réalisation : assez facile* | *Coût : assez cher*

Une gelée de kaki, surmontée de mousse au chocolat :
subtile harmonie de couleurs et de saveurs...
Un duo surprenant et très gourmand !

›Le kaki

Aussi joli que délicieux, cet entremets comblera les amateurs de desserts légers et raffinés. Le kaki étant naturellement très suave, il est inutile d'y ajouter du sucre. Si vous ne connaissez pas ce fruit, vous serez étonné par sa saveur évoquant à la fois la datte et l'abricot. Choisissez de préférences la variété « Sharon » à la chair fondante et parfumée.

Gelée de chocolat *aux noisettes*

Ingrédients
(pour 4 personnes)

- 100 g de chocolat noir
- 1 cuillère à soupe de cacao en poudre
- 60 g de noisettes hachées
- 3 feuilles de gélatine
- 40 cl de lait
- 50 cl de crème fraîche liquide
- 100 g de sucre en poudre
- 1 cuillère à soupe de sucre glace

Ustensiles

- 4 verres transparents

1 **La préparation du lait chocolaté.** Avec un grand couteau, détaillez 100 g de chocolat en petits morceaux. Dans une casserole, versez 40 cl de lait et 30 cl de crème liquide, puis faites chauffer sans atteindre l'ébullition. Retirez du feu aussitôt. ajoutez le chocolat haché en pluie ainsi que 1 cuillère à soupe de cacao en fouettant assez vivement.

2 **La fabrication de la gelée.** Conservez le lait chocolaté au chaud en le recouvrant. Faites tremper 3 feuilles de gélatine dans un peu d'eau froide pendant 5 min. Égouttez-les, pressez-les dans vos doigts et ajoutez-les au lait chaud avec 100 g de sucre en poudre. Mélangez soigneusement et versez la préparation dans un saladier.

3 **La caramélisation des noisettes.** Lorsque le lait est totalement froid, placez-le au réfrigérateur pendant toute une nuit. Quelques heures avant le service, placez 60 g de noisettes hachées dans une poêle avec 1 cuillère à soupe de sucre glace. Faites caraméliser à feu modéré sans cesser de mélanger, puis laissez refroidir complètement.

4 **La présentation de la gelée.** Avec une cuillère à soupe, prélevez du lait chocolaté légèrement solidifié et déposez-le dans 4 verres. Recouvrez le lait chocolaté avec 20 cl de crème liquide bien froide. Concassez légèrement les noisettes caramélisées si elles se sont trop agglomérées et répartissez-les dans les verres. Servez frais.

›Variante

Vous pouvez aussi réaliser cette gelée sans lait, uniquement avec de la crème liquide : le dessert est alors encore plus moelleux mais plus riche aussi. Dans ce cas, utilisez de préférence de la crème épaisse.

Préparation : 25 minutes | Repos : 1 nuit | Cuisson : 10 minutes | Réalisation : facile | Coût : bon marché

Ce dessert succulent rappelle quelque peu la célèbre « panna cotta » italienne.
Surprenez vos convives en un rien de temps !

› Astuce

La consistance très particulière et agréable de ce dessert dépend de la quantité de gélatine utilisée. Incorporée trop faiblement, le lait reste liquide ; incorporée en excès, il devient trop dur et caoutchouteux.
Évitez donc de faire bouillir le mélange lait-crème qui, en s'évaporant, concentrerait trop la gélatine.

Gobelets *chocolat-marrons*

Ingrédients
(pour 4 personnes)

- 100 g de chocolat noir
- 4 cuillères à soupe de confiture de figues
- 4 cuillères à soupe de purée de marrons
- 2 cuillères à soupe de crème fraîche liquide
- huile pour les caissettes

Ustensiles

- caissettes en papier plissé de 7 cm de diamètre

1 **LA PRÉPARATION DU CHOCOLAT.** Hachez grossièrement 100 g de chocolat avec un grand couteau, mettez-le dans une jatte supportant la chaleur. Déposez la jatte au-dessus d'une casserole d'eau chaude et laissez fondre le chocolat.

2 **LA PRÉPARATION DES CAISSETTES.** Lissez le chocolat fondu et laissez-le refroidir. Huilez 4 caissettes en papier plissé avec un pinceau à pâtisserie. Retournez-les sur du papier absorbant pour laisser s'écouler le surplus d'huile.

3 **LA PREMIÈRE COUCHE DES GOBELETS.** Remettez les caissettes à l'endroit sur une planche ou un plat. Versez un peu de chocolat dans les caissettes, étalez-le sur le tour, puis sur le fond, avec une petite spatule ou un tartineur non coupant.

4 **LA DEUXIÈME COUCHE DES GOBELETS.** Laissez durcir la couche de chocolat de 10 à 15 min au congélateur. Remettez une bonne couche de chocolat dans chaque caissette, étalez-la régulièrement et laissez durcir 2 ou 3 h au congélateur.

5 **LA PRÉPARATION DE LA MOUSSE.** Mélangez avec un mixer plongeant 4 cuillères à soupe de confiture de figues, 4 cuillères à soupe de purée de marrons et 2 cuillères à soupe de crème liquide. Versez dans un saladier et lissez au fouet à main.

6 **LA FINITION.** Passez-vous les mains sous l'eau froide et démoulez délicatement les gobelets. Emplissez-les avec la mousse aux figues et aux marrons. Entreposez les gobelets au réfrigérateur jusqu'au moment de servir.

*Une exquise mousse composée
de confiture de figues et de purée de marrons,
présentée dans des gobelets tout chocolat.
À goûter !*

› Astuce

Pour bien huiler les caissettes, versez d'abord un peu d'huile dans chacune, puis répartissez l'huile avec un pinceau pour qu'elle pénètre dans tous les plis. Prenez garde à ce que la caissette ne se déforme pas pendant que vous l'enduisez de chocolat.

Mousse *cappuccino*

Ingrédients
(pour 4 à 6 personnes)

- 1 cuillère à soupe d'extrait de café
- 1 feuille de gélatine
- 30 cl de crème fraîche liquide
- 50 cl de lait
- 1 œuf + 2 jaunes
- 60 g de sucre en poudre
- 1 cuillère à café de Maïzena
- 2 pincées de cannelle
- 1 pincée de vanille en poudre
- 30 g de sucre glace
- extrait de café (décor)

Ustensiles

- 4 coupelles individuelles
- poche à douille

1 **La crème.** Mettez 1 feuille de gélatine à tremper dans un bol d'eau froide pendant 5 min. Faites chauffer 50 cl de lait. Égouttez la gélatine avec vos doigts, ajoutez-la dans le lait et mélangez. Fouettez 3 jaunes d'œufs avec 60 g de sucre, incorporez 1 cuillère à café de Maïzena, versez le lait, en fouettant.

2 **La finition de la crème.** Versez le mélange dans la casserole, faites chauffer à feu doux en remuant sans arrêt avec une spatule en bois. Portez à ébullition, puis retirez du feu après quelques secondes d'ébullition. Ajoutez 1 cuillère à soupe d'extrait de café et 2 pincées de cannelle. Mélangez bien et laissez refroidir.

3 **La mousse.** Battez avec un fouet électrique 15 cl de crème liquide très froide. Lorsqu'elle commence à prendre, ajoutez peu à peu, en pluie, 15 g de sucre glace. Continuez à fouetter, puis incorporez-la à la crème froide. Montez 1 blanc d'œuf en neige ferme et incorporez-le délicatement à la crème.

4 **Le décor.** Répartissez la crème mousseuse entre 4 coupelles individuelles. Mettez-les au réfrigérateur et laissez-les prendre 2 h. Au moment de servir, fouettez 15 cl de crème en y incorporant 15 g de sucre glace et 1 pincée de vanille. Décorez les crèmes de chantilly et d'un filet d'extrait de café.

›Présentation

Une fois coiffé de chantilly, ce dessert sans prétention a belle allure. Présentez en même temps des biscuits secs : cigarettes russes, tuiles aux amandes ou langues de chat.

Préparation : 20 minutes | *Réfrigération : 2 heures* | *Cuisson : 20 minutes* | *Réalisation : facile* | *Coût : assez cher*

Discrètement parfumée au café,
cette mousse onctueuse saura clore en beauté
un dîner aussi bien familial qu'amical.

›Astuce

Ne craignez pas de porter la crème à ébullition : la Maïzena l'empêchera de tourner. Laissez cuire quelques secondes en continuant à remuer jusqu'à ce que la crème ait un peu épaissi. Laissez-la refroidir totalement avant d'y incorporer la crème fouettée et le blanc en neige. Pour accélérer le refroidissement, trempez la casserole dans de l'eau froide. Laissez-la ensuite au réfrigérateur jusqu'au moment de servir.

Mousse *à la cerise*

Ingrédients
(pour 4 personnes)

- 250 g de cerises
- 2 cuillères à soupe de kirsch
- 3 feuilles de gélatine
- 20 cl de crème fraîche liquide
- 140 g de sucre en poudre

Ustensile

- moule cannelé d'environ 80 cl de contenance

1 **La préparation des cerises.** Placez 20 cl de crème liquide dans le congélateur. Mettez 3 feuilles de gélatine à tremper dans de l'eau froide. Lavez 250 g de cerises, égouttez-les, épongez-les et retirez les noyaux avec un dénoyauteur à cerises. Recoupez chaque fruit en quatre, en travaillant sur une planche à découper.

2 **La cuisson des cerises.** Versez 140 g de sucre dans une casserole, mouillez-le avec 10 cl d'eau. Portez doucement à ébullition en remuant avec une cuillère en bois pour que le sucre fonde bien. Laissez bouillir pendant 5 min. Plongez les cerises dans le sirop et laissez-les cuire pendant 3 min après la reprise de l'ébullition.

3 **Le refroidissement.** Retirez la casserole du feu. Égouttez la gélatine et essorez-la avec les doigts. Plongez-la dans le sirop de cerises et remuez jusqu'à ce qu'elle ait bien fondu. Incorporez alors 2 cuillères à soupe de kirsch et mélangez. Plongez la casserole dans de l'eau glacée et laissez refroidir totalement.

4 **La finition.** Fouettez la crème liquide froide avec un batteur électrique, jusqu'à ce qu'elle double de volume et devienne épaisse. Mélangez-la délicatement à la préparation aux cerises. Versez le tout dans un moule cannelé et lissez la surface. Placez au réfrigérateur et laissez durcir pendant 4 h au moins.

› Tour de main

Veillez à ce que le sucre ait bien fondu avant que le liquide n'arrive à ébullition.
Remuez de temps en temps la préparation pendant son refroidissement pour éviter que la gélatine ne commence à prendre sur le bord.

Préparation + cuisson : 20 minutes | Réfrigération : 4 heures | Réalisation : assez facile | Coût : bon marché

Un dessert tout rose à préparer pour le régal de tous… au temps des cerises, et à déguster si possible sous le cerisier.

› Astuce

Plus les préparations contenant de la gélatine restent au réfrigérateur, plus elles se raffermissent.
Vous pouvez donc les préparer la veille.

Mousse *au chocolat*

Ingrédients
(pour 6 personnes)

- 200 g de chocolat noir corsé
- 80 g de beurre ramolli
- 3 œufs + 1 jaune d'œuf
- 10 cl de crème liquide
- 40 g de sucre glace
- 1 goutte de citron
- 1 pincée de sel
- 1 tablette de chocolat blanc ou des vermicelles de chocolat (facultatif)

1 Le chocolat fondu. Cassez 200 g de chocolat en petits morceaux. Mettez-les dans une casserole. Encastrez celle-ci dans une plus grande casserole ou tout autre récipient pouvant faire office de bain-marie, rempli d'eau au tiers environ (afin que l'eau ne déborde pas en chauffant). Mettez sur le feu et laissez ainsi fondre le chocolat au bain-marie (8 à 10 min environ).

2 La crème fouettée. Sortez la casserole de son bain-marie. Hors du feu, incorporez 80 g de beurre ramolli puis 4 jaunes d'œufs (réservez 3 blancs). Laissez refroidir (mais non durcir) à température ambiante. Fouettez 10 cl de crème très froide en incorporant à la fin 20 g de sucre glace. Mélangez au chocolat fondu et refroidi.

3 Les blancs en neige. Battez légèrement les 3 blancs d'œufs avec 1 pincée de sel et 1 goutte de citron. Continuez à battre au batteur électrique jusqu'à ce que les blancs soient montés et fermes. Donnez plus de puissance en fin de préparation tout en incorporant 20 g de sucre glace. Incorporez-les délicatement à la mousse.

4 Les finitions. Versez dans un grand saladier de service ou dans des coupes individuelles et réfrigérez 1 h au minimum avant de servir afin que la mousse se raffermisse. Parsemez éventuellement de vermicelles de chocolat ou de copeaux de chocolat blanc obtenus en grattant la tranche d'une tablette avec un couteau ou un économe.

›Variante

C'est l'une des recettes de mousse au chocolat les plus simples à réaliser, où l'œuf est simplement battu et non cuit.
Seule fantaisie : la présence de crème, pour un résultat plus onctueux et une texture plus ferme après refroidissement.

Préparation : 20 minutes | Réfrigération : 1 heure | Cuisson : 10 minutes | Réalisation : assez facile | Coût : bon marché

L'un de nos plus grands classiques et l'un des entremets les plus gourmands, ou comment être sûr de plaire à tous, petits et grands.

>Tour de main

Incorporez d'abord 1 cuillère de blanc d'œuf sans trop de ménagement, pour liquéfier le chocolat et faciliter ensuite le mélange.
Puis incorporez le reste progressivement, en soulevant bien la masse pour ne pas « casser » les blancs.

Mousse *aux deux chocolats*

Ingrédients
(pour 4 à 6 personnes)

- 50 g de chocolat noir à 70 % de cacao
- 30 g de chocolat praliné (Pralinoise)
- 125 g de chocolat blanc
- 3 biscuits à la cuillère
- 20 g de beurre
- 2 cuillères à soupe de crème fraîche liquide
- 2 blancs d'œufs
- 1 cuillère à soupe de sucre en poudre

Ustensiles

- disque métallique
- cercle de 16 cm de diamètre

1 **La fonte du chocolat noir.** Cassez en morceaux 50 g de chocolat noir et 30 g de chocolat Pralinoise. Mettez-les dans une jatte supportant la chaleur et faites-les fondre doucement au bain-marie. Réduisez 3 biscuits à la cuillère en miettes fines. Mélangez soigneusement ces miettes aux chocolats fondus.

2 **La formation du socle.** Garnissez un disque métallique de film alimentaire étirable. Déposez le chocolat dessus, étalez-le en une couche uniforme, sur environ 17 cm de diamètre, et lissez-le avec une spatule métallique. Posez un cercle métallique de 16 cm sur cette pâte et laissez durcir au réfrigérateur.

3 **La mousse au chocolat blanc.** Mettez 125 g de chocolat blanc en morceaux dans une jatte avec 20 g de beurre et 2 cuillères à soupe de crème liquide. Laissez fondre au bain-marie. Mélangez soigneusement et laissez refroidir. Battez 2 blancs d'œufs en neige ferme, tout en incorporant peu à peu 1 cuillère à soupe de sucre en poudre.

4 **La finition.** Incorporez les blancs en neige au chocolat blanc. Décollez le cercle du socle. Détachez le socle et posez celui-ci sur un plat de service. Remettez le cercle autour et emplissez-le de mousse au chocolat blanc. Lissez le dessus et laissez prendre pendant 6 h au réfrigérateur.

› Présentation

Garnissez votre mousse d'un bouquet de fruits frais selon la saison : physalis, cerises avec la queue ou fraises en lamelles.

Contraste du blanc sur le noir,
contraste de la mousse
sur le socle légèrement croquant,
contraste entre les deux chocolats...

›Astuce

Enfoncez bien le cercle dans la pâte du socle, ce qui permettra ensuite d'avoir un rond très net. Le surplus de pâte restera sur le disque métallique lorsque vous décollerez le socle pour le poser sur le plat de service.

Mousse *aux trois chocolats*

Ingrédients
(pour 4 personnes)

- 150 g de chocolat noir
- 100 g de chocolat blanc
- 100 g de chocolat au lait
- 60 g de crêpes dentelles
- 3 cuillères à soupe de jus de fruits de la passion
- 1/3 de cuillères à café d'arôme d'orange
- 3 œufs + 1 blanc
- 8 cl de crème fraîche liquide + 2 cuil. à soupe
- 40 g de beurre
- 1/2 feuille de gélatine

Ustensile

- rectangle à flan de 10 x 20 cm

1 **La préparation de la base.** Faites fondre au bain-marie 50 g de chocolat noir en morceaux. Émiettez 60 g de crêpes dentelles, mélangez-les au chocolat. Versez dans un rectangle à flan de 10 x 20 cm. Laissez durcir 30 min au réfrigérateur.

2 **La mousse au chocolat noir.** Faites fondre 100 g de chocolat noir au bain-marie. Ajoutez 2 jaunes d'œufs. Battez 2 blancs d'œufs en neige et incorporez-les. Versez la mousse sur la base au chocolat noir. Laissez 30 min au réfrigérateur.

3 **La préparation de la mousse blanche.** Faites tremper 1/2 feuille de gélatine à l'eau froide. Faites tiédir 3 cuillères à soupe de jus de fruits de la passion. Faites-y fondre la gélatine. Versez dans une jatte avec 100 g de chocolat blanc râpé et 20 g de beurre.

4 **La couche de mousse blanche.** Laissez fondre au bain-marie. Fouettez 8 cl de crème liquide. Incorporez-la au chocolat ainsi que le blanc d'œuf battu en neige. Versez sur la mousse au chocolat noir. Laissez prendre 30 min au réfrigérateur.

5 **La mousse au chocolat au lait.** Cassez 100 g de chocolat au lait en morceaux. Mettez-les dans une jatte avec 1 cuillère à soupe d'eau et 1/3 de cuillère à café d'arôme d'orange. Laissez fondre au bain-marie. Incorporez hors du feu 2 cuillères à soupe de crème.

6 **La finition.** Incorporez ensuite 20 g de beurre en petits dés et 1 jaune d'œuf. Battez 1 blanc d'œuf en neige ferme. Incorporez-le au chocolat. Versez le mélange sur la mousse au chocolat blanc. Laissez prendre 4 h au frais.

Des mousses étagées sur un socle de crêpes dentelles enrobées de chocolat, parfumées aux fruits de la passion et à l'orange.

› Astuce

Pour obtenir le jus de fruits de la passion, évidez 3 ou 4 fruits avec une cuillère au-dessus d'une passoire fine et tamisez le jus et la pulpe en remuant à la cuillère.

Mousse au chocolat *et aux canneberges*

Ingrédients
(pour 4 personnes)

- 150 g de chocolat noir
- 150 g de chocolat au lait
- 100 g de canneberges
- 2 cuillères à soupe de cognac
- 1 petite tasse d'expresso fort
- 1 cuillère à soupe de gelée de groseilles
- 5 œufs
- 15 cl de crème fraîche liquide
- 50 g de sucre en poudre
- 1 sachet de sucre vanillé
- noix de coco en poudre (décor)

1 **La fonte des deux chocolats.** Cassez en petits morceaux 150 g de chocolat noir et 150 g de chocolat au lait. Faites-les fondre au bain-marie. Lorsque le chocolat s'est ramolli, lissez à la cuillère en bois. Ajoutez 1 petite tasse d'expresso fort. Mélangez délicatement puis parfumez avec 2 cuillères à soupe de cognac. Laissez tiédir.

2 **La chantilly au chocolat.** Montez 15 cl de crème fraîche liquide en chantilly dans un récipient très froid. Lorsque la crème devient ferme, incorporez-y 1 sachet de sucre vanillé. Transvasez la préparation au chocolat dans la chantilly. Mélangez délicatement à l'aide d'une spatule en caoutchouc. Réservez au réfrigérateur.

3 **La mousse.** Dans une jatte, fouettez 5 jaunes d'œufs et 50 g de sucre. À l'aide d'une spatule en caoutchouc, incorporez-y la chantilly au chocolat. Montez 5 blancs d'œufs en neige ferme. Mélangez délicatement les blancs battus à la préparation précédente, jusqu'à l'obtention d'une mousse légère.

4 **Les canneberges.** Emplissez 6 verres de mousse au chocolat. Faites prendre 4 h au réfrigérateur. Rincez 100 g de canneberges. Faites-les cuire 10 min avec 1 cuillère à soupe de gelée de groseilles et 4 cuillères à soupe d'eau. Laissez-les refroidir et déposez-les sur les mousses. Parsemez de noix de coco.

›Astuce
La cuisson des canneberges peut se faire à l'avance : les baies pourront alors être intégrées à la mousse, en fin de préparation.

Préparation : 50 minutes | Réfrigération : 4 heures | Cuisson : 20 minutes | Réalisation : assez facile | Coût : assez cher

Une présentation originale pour cette mousse aux deux chocolats agrémentée de baies acidulées. Une variante estivale toute en fraîcheur !

› Dégustation

Finement équilibrée, entre l'amertume du café, la fraîcheur aigrelette des canneberges et la douceur du chocolat, cette mousse convient mieux aux adultes qu'aux enfants. Idéale en fin de repas, elle se substitue au café, qu'elle remplace agréablement, surtout en période de canicule !

Mousse au chocolat *et caramel au beurre salé*

Ingrédients
(pour 4 personnes)

- 8 macarons amaretti moelleux
- 100 g de caramels au beurre salé
- 100 g de chocolat noir
- 50 g de chocolat au lait
- 2 œufs
- 15 cl de crème fraîche liquide
- 50 g de beurre salé
- 1 pincée de sel

Ustensile

- cercle à flan de 16 cm de diamètre

1 **La préparation du chocolat.** Mettez dans une casserole 100 g de caramels au beurre salé et 15 cl de crème. Faites chauffer à feu doux et laissez fondre les caramels en remuant de temps en temps avec une cuillère en bois. Hachez grossièrement 100 g de chocolat noir avec un grand couteau de cuisine. Cassez 50 g de chocolat au lait en morceaux.

2 **La préparation de la crème.** Mélangez bien les caramels pour obtenir une crème lisse. Retirez la casserole du feu. Ajoutez le chocolat noir et le chocolat au lait et mélangez jusqu'à ce qu'ils aient parfaitement fondu. Coupez 50 g de beurre salé en morceaux. Incorporez-les peu à peu à la préparation, en remuant toujours avec la cuillère.

3 **L'ajout des blancs en neige.** Cassez 2 œufs en séparant les blancs des jaunes. Ajoutez les jaunes un à un à la préparation au chocolat. Mettez les blancs dans un grand bol, ajoutez 1 pincée de sel et battez-les en neige ferme. Incorporez-les délicatement à la préparation, en soulevant le tout de bas en haut, sans remuer ni battre.

4 **La finition.** Posez un cercle à flan sur une grande assiette. Versez la mousse dedans, mettez au réfrigérateur et laissez prendre pendant 6 h. Au moment de servir, passez la lame d'un couteau tout autour de la mousse et retirez le cercle. Collez 8 macarons moelleux aux amandes autour de la mousse, à intervalles réguliers.

› Astuce

Vous pouvez fabriquer un cercle à flan avec une bande de carton souple de 5 cm de haut que vous entourerez d'aluminium ménager ou de film alimentaire.

*Une mousse onctueuse très parfumée
dans laquelle perce une note salée
et la saveur des caramels des vacances.*

› Variante

Les macarons « amaretti » moelleux, de fabrication italienne, sont vendus sous vide dans les grandes surfaces. Ne prenez pas un chocolat trop corsé qui risquerait « d'éteindre » la saveur des caramels. Un produit à 52 % de cacao suffit.

Mousse fraîcheur *aux litchis*

Ingrédients
(pour 4 à 6 personnes)

- 1 boîte de litchis de 565 g
- 1 cuillère à soupe de gin
- 3 feuilles de gélatine
- 12,5 cl de crème fleurette
- 2 cuillères à soupe de sucre en poudre
- 4 litchis frais (décor)

Ustensiles

- 4 coupes individuelles transparentes

1 L'égouttage des litchees. Mettez 3 feuilles de gélatine à tremper dans un bol d'eau froide. Versez le contenu de la boîte de litchis dans une passoire en recueillant le jus dans une jatte. Réduisez les fruits en purée au mixer.

2 Le filtrage de la purée. Passez la purée de litchis à travers une passoire fine en écrasant bien avec le dos d'une cuillère en bois. Dans une petite casserole, faites chauffer 12 cl du sirop de conservation des litchis à feu doux.

3 L'ajout de la gélatine. Égouttez la gélatine. Ajoutez-la au sirop de litchi chaud mais non bouillant, et remuez jusqu'à ce qu'elle ait fondu. Laissez refroidir à température ambiante, puis parfumez avec 1 cuillère à soupe de gin.

4 La crème fouettée. Laissez légèrement épaissir le sirop au réfrigérateur. Fouettez 12,5 cl de crème fleurette avec un batteur. Lorsqu'elle commence à être bien ferme, incorporez-y peu à peu 2 cuillères à soupe de sucre.

5 L'incorporation de la crème. Mélangez la purée de litchis au sirop, puis incorporez la crème fouettée, en soulevant la masse de bas en haut avec une cuillère à soupe, tout en faisant tourner lentement le récipient de l'autre main.

6 Le remplissage des coupes. Répartissez la préparation dans 4 coupes individuelles passées sous l'eau froide. Laissez prendre la mousse pendant 6 h au réfrigérateur.
Au moment de servir, garnissez chaque coupe d'un litchi frais dans sa coque.

Préparation + cuisson : 20 minutes | Réfrigération : 6 heures | Réalisation : assez facile | Coût : bon marché

D'une pâle couleur légèrement rosée,
cette mousse au parfum délicat
est également très fraîche.
À réaliser en toutes saisons !

›Variante

La crème fleurette est une crème liquide. Elle est vendue sous cette dénomination et peut comporter de 20 à 30 % de matières grasses. À défaut, achetez de la crème fraîche entière liquide.

Mousse *à la frangipane*

Ingrédients
(pour 6 mousses)

- 125 g d'amandes en poudre
- 120 g de miel
- 60 g de pralines en grains
- 4 gouttes d'extrait d'amande amère
- 3 feuilles de gélatine
- 3 œufs
- 25 cl de lait
- 10 cl de crème fraîche liquide

Ustensiles

- 6 grandes coupelles transparentes

1 **Le lait aux amandes.** Faites bouillir 25 cl de lait. Hors du feu, versez-y 125 g d'amandes en poudre. Placez un couvercle sur la casserole et laissez infuser et refroidir entièrement. Filtrez le lait aux amandes à l'aide d'une passoire fine, en pressant avec une cuillère en bois. Plongez 3 feuilles de gélatine dans une casserole d'eau froide.

2 **La crème frangipane.** Faites réchauffer le lait aux amandes. Dès qu'il commence à fumer, incorporez-y 3 jaunes d'œufs battus avec 10 cl de crème fraîche liquide. Laissez cuire à feu doux sans cesser de remuer. Retirez du feu aux premiers frémissements. Incorporez une par une les feuilles de gélatine bien essorées et égouttées.

3 **La meringue italienne.** Parfumez le lait aux amandes avec 4 gouttes d'extrait d'amande amère. Ajoutez-y 40 g de pralines en grains. Mélangez et laissez refroidir. à l'aide d'un batteur, montez 3 blancs d'œufs en neige. Lorsqu'ils deviennent fermes, versez-y en filet 120 g de miel bouillant. Fouettez jusqu'à l'obtention d'une meringue italienne.

4 **La mousse.** À l'aide d'une spatule en caoutchouc, mélangez délicatement la meringue italienne et la crème frangipane. Emplissez 6 coupelles transparentes avec la moitié de la mousse. Ajoutez 20 g de pralines en grains réparties en fine couche. Recouvrez avec le reste de la mousse. Réfrigérez pendant 4 h.

›Variante

Les pralines en grains sont disponibles au rayon des produits pour la pâtisserie au supermarché. À défaut, utilisez des pralines entières que vous concasserez à l'aide d'un grand couteau.

*Une mousse légère, composée
d'un lait aux amandes et d'une meringue italienne...
Et de pralines en grains,
qui croquent sous la dent !*

›Astuce

Filtrez le lait aux amandes en remuant à la cuillère en bois
et en pressant la pulpe jusqu'à ce qu'il n'y ait plus de liquide dans la passoire.
Fouettez les blancs en neige avec le miel chaud
jusqu'à ce que la meringue durcisse et devienne tiède.

Mousse au fromage blanc *et aux fruits rouges*

Ingrédients
(pour 4 à 6 personnes)

- 200 g de framboises (+ pour le décor)
- 250 g de fromage blanc de brebis
- 3 cuillères à soupe de crème de cassis
- 3 cuillères à soupe de confiture de griottes
- 2 feuilles de gélatine
- 15 cl de crème fleurette
- 3 cuillères à soupe de sucre en poudre

Ustensile

- coupe en cristal ou en verre

1 La préparation des framboises. Faites tremper 2 feuilles de gélatine dans un bol d'eau froide. Passez 200 g de framboises au robot ménager pour les réduire en purée. Versez cette purée dans une passoire très fine et travaillez au-dessus d'une jatte, avec le dos d'une cuillère en bois, pour éliminer les petites graines et obtenir une purée lisse.

2 L'ajout de la gélatine. Ajoutez 250 g de fromage blanc de brebis à la purée de framboises. Mélangez au fouet à main. Versez 3 cuillères à soupe de crème de cassis dans une petite casserole. Ajoutez 3 cuillères à soupe de confiture de griottes. Faites tiédir. Essorez la gélatine avec les doigts. Ajoutez-la et mélangez jusqu'à ce qu'elle ait fondu.

3 L'incorporation de la crème. Versez le contenu de la casserole sur le mélange de framboises et de fromage. Mélangez bien. Fouettez 15 cl de crème fleurette, en y versant en pluie, au fur et à mesure, 3 cuillères à soupe de sucre. Ajoutez la crème fouettée à la préparation au fromage blanc en mélangeant délicatement avec une spatule en caoutchouc.

4 La finition. Versez très délicatement la préparation dans une jolie coupe en cristal ou en verre. Entreposez-la au réfrigérateur et laissez prendre la mousse pendant au moins 6 h. Juste avant de servir, garnissez le dessus de la coupe avec quelques framboises fraîches ou quelques griottes fraîches ou confites.

› Astuce

Vous trouverez de la confiture de griottes dans les épiceries fines ou de la confiture de « vicina » (petite cerise des pays méditerranéens) dans les magasins spécialisés dans la vente des produits grecs.

Préparation : 30 minutes | *Réfrigération : 6 heures* | *Cuisson : aucune* | *Réalisation : facile* | *Coût : bon marché*

Une mousse délicatement parfumée
aux fruits rouges, d'un rose-violet
qui évoque les desserts d'antan !

›Tour de main

Mettez au congélateur la crème fleurette et le récipient dans lequel vous la fouetterez 15 minutes avant l'utilisation. Mélangez très délicatement la crème fouettée à la préparation en soulevant celle-ci de bas en haut avec une spatule, sans tourner ni battre pour ne pas faire retomber la crème.

Mousse *au kirsch*

Ingrédients
(pour 4 personnes)

- 3 cuillères à soupe de kirsch
- 24 griottines
- 3 feuilles de gélatine
- 1 œuf +2 jaunes
- 25 cl de crème fraîche liquide
- 50 g de sucre en poudre

Ustensiles

- 4 coupes individuelles

1 La préparation des griottines. Faites tremper 3 feuilles de gélatine dans un bol d'eau froide. Égouttez 12 griottines sur du papier absorbant, puis coupez-les en quatre.
Mettez 1 œuf entier et 2 jaunes dans une jatte supportant la chaleur. Ajoutez 50 g de sucre et mélangez rapidement. Posez sur une casserole d'eau frémissante.

2 La base de la mousse. Fouettez le mélange d'œufs et de sucre pendant 5 min jusqu'à ce que les fouets laissent des traces et que le mélange ait doublé de volume. Retirez la jatte de la casserole, posez-la dans de l'eau glacée et continuez à fouetter jusqu'à ce que le mélange soit à peine tiède sous le doigt.

3 L'incorporation des griottines. Égouttez la gélatine et essorez-la avec les doigts, mettez-la dans une petite casserole. Versez dessus 3 cuillères à soupe de kirsch et faites chauffer à feu doux, en remuant, jusqu'à ce qu'elle soit totalement dissoute. Incorporez-la aux œufs sucrés. Ajoutez les griottines coupées en morceaux.

4 La finition de la mousse. Fouettez 25 cl de crème liquide jusqu'à ce qu'elle soit bien ferme. Incorporez-la délicatement à la crème au kirsch. Répartissez cette préparation entre 4 coupes individuelles. Mettez-les au réfrigérateur et laissez prendre pendant 4 h. Au moment de servir, décorez chaque coupe avec 3 griottines.

› Variante

Vous trouverez des griottines (griottes conservées dans du sirop de sucre additionné de kirsch) chez les cavistes, dans les épiceries fines et dans certains supermarchés. À défaut de griottines, utilisez des cerises confites ou des cerises au sirop.

Préparation + cuisson : 20 minutes | *Réfrigération : 4 heures* | *Réalisation : assez facile* | *Coût : assez cher*

De la crème fouettée délicatement parfumée au kirsch, recelant d'exquises cerises également parfumées au kirsch.

›Tour de main

Versez la crème liquide dans le récipient dans lequel vous allez la fouetter et laissez-la au moins 15 min au congélateur avant de l'utiliser.
Ne laissez pas bouillir l'eau du bain-marie : une trop forte chaleur cuirait les œufs, ce qui empêcherait la formation de la crème.

Mousse *en kouglof*

Ingrédients
(pour 6 à 8 personnes)

- 150 g de chocolat noir
- 1 gousse de vanille
- 4 cuillères à café de café instantané
- 6 feuilles de gélatine
- 6 jaunes d'œufs
- 50 cl de lait
- 75 cl de crème fraîche liquide
- 15 cl de crème fraîche épaisse
- 175 g de sucre semoule
- 2 sachets de sucre vanillé

Ustensiles

- moule à kouglof métallique de 1,5 l de contenance
- cercle à flan de 22 cm

1 **Le mélange de jaunes et de sucre.** Faites tremper 6 feuilles de gélatine dans un bol d'eau froide. Mettez 6 jaunes d'œufs dans une jatte. Ajoutez 175 g de sucre et 2 sachets de sucre vanillé. Fouettez avec un batteur électrique. Fendez 1 gousse de vanille en deux.

2 **L'ajout du lait vanillé.** Grattez la vanille au-dessus de 50 cl de lait, ajoutez la gousse, portez à ébullition. Versez le lait sur les œufs, à travers une passoire fine, en remuant. Versez à nouveau dans la casserole et faites cuire à feu doux.

3 **La cuisson de la crème.** Lorsque la crème nappe la cuillère, retirez la casserole du feu et incorporez la gélatine essorée. Laissez refroidir. Fouettez 50 cl de crème liquide jusqu'à ce qu'elle soit bien ferme. Ajoutez-la à la crème froide.

4 **La mise en forme du kouglof.** Versez la préparation dans un moule à kouglof métallique et laissez prendre la mousse pendant 8 h au réfrigérateur. Hachez 150 g de chocolat. Faites bouillir 25 cl de crème liquide, versez-la sur le chocolat et mélangez.

5 **La préparation du plat de service.** Mélangez 4 cuillères à café de café avec 4 cuillères à soupe d'eau bouillante. Ajoutez au chocolat fondu. Laissez refroidir. Posez un cercle à flan sur un plat. Étalez-y 15 cl de crème épaisse. Déposez de la sauce au chocolat autour.

6 **La finition.** Ôtez le cercle, tracez de grosses virgules avec un instrument pointu. Démoulez le kouglof sur une assiette et faites-le glisser sur la crème, au centre du plat. Nappez de sauce. Présentez le reste de la sauce à part.

Préparation + cuisson : 25 minutes | *Réfrigération : 8 heures* | *Réalisation : assez facile* | *Coût : très cher*

Une mousse à la vanille joliment moulée en forme de kouglof, nappée d'une sauce au chocolat parfumée de café : un entremets de classe.

›Astuce

Essorez la gélatine entre vos mains, ajoutez-la à la crème chaude hors du feu et mélangez pour qu'elle se dissolve bien. Versez ensuite la crème dans un saladier, plongez celui-ci dans de l'eau additionnée de glaçons et laissez refroidir, en remuant de temps en temps pour éviter la formation d'une peau.

Mousse *à la noix de coco*

Ingrédients
(pour 4 à 6 personnes)

- 100 g de noix de coco sèche râpée + 4 cuillères à café
- 60 g de cassonade
- 2 cuillères à soupe de rhum blanc
- 2 feuilles de gélatine
- 25 cl de crème fraîche liquide
- 1 citron vert
- 50 cl de lait

Ustensiles

- 4 coupes individuelles

1 Infusion du lait. Mettez 2 feuilles de gélatine à tremper dans un bol d'eau froide. Versez 50 cl de lait dans une casserole avec 100 g de noix de coco râpée et 60 g de cassonade. Portez à ébullition sur feu doux en remuant de temps en temps. Retirez du feu, couvrez et laissez infuser jusqu'à ce que le lait soit froid.

2 Filtrage du lait. Filtrez le lait froid dans une passoire fine en pressant bien la noix de coco avec le dos d'une cuillère en bois. Versez environ 10 cl de ce lait dans une petite casserole et faites-le chauffer doucement. Égouttez la gélatine, essorez-la avec les doigts et faites-la fondre dans le lait chaud.

3 Finition de la mousse. Lorsque la gélatine est fondue, versez-la dans le reste du lait filtré. Mélangez. Parfumez avec 2 cuillères à soupe de rhum blanc. Laissez refroidir. Battez 25 cl de crème liquide avec un batteur électrique jusqu'à ce qu'elle soit ferme et ait doublé de volume. Incorporez-la délicatement au lait de coco avec une cuillère en bois.

4 Présentation des coupes. Répartissez la préparation entre 4 coupes. Entreposez les coupes au réfrigérateur pendant au moins 3 h. Saupoudrez chaque mousse avec 1 cuillère à café de noix de coco. Rincez le citron vert et essuyez-le. Prélevez quelques fines lanières de zeste avec un couteau zesteur et parsemez-en les mousses. Servez aussitôt, très frais.

› Décoration

Vous pouvez laisser les coupes telles quelles avec juste les lanières de zeste, ou bien les rehausser avec des copeaux de chocolat noir ou du cacao tamisé. Vous pouvez aussi poser 1 ou 2 rondelles de kiwi sur les mousses ou des copeaux de noix de coco.

Préparation : 30 minutes | *Réfrigération : 3 heures* | *Cuisson : 10 minutes* | *Réalisation : facile* | *Coût : bon marché*

Retrouvez le parfum et la saveur des îles lointaines
dans ces mousses fraîches et délicates,
dessert parfait pour un dîner d'été.

›Tour de main

Pour battre la crème liquide, utilisez de préférence un récipient étroit à bord haut ou couvrez-le d'aluminium ménager, en faisant passer les fouets à travers. Attendez que le lait de coco soit bien froid avant d'y incorporer la crème fouettée. Au besoin, laissez-le reposer 15 min au réfrigérateur.

Mousse de pain d'épice *au chocolat haché*

Ingrédients
(pour 4 personnes)

- 40 g de chocolat noir
- 100 g de pain d'épice rassis
- 1/2 orange
- 2 cuillères à soupe de Cointreau
- 3 feuilles de gélatine
- 2 œufs
- 25 cl de crème fraîche liquide
- 40 g de cassonade

Ustensiles

- 4 coupelles transparentes

1 **Le pain d'épice en poudre.** Découpez en tranches 100 g de pain d'épice puis émiettez-le en petits morceaux. À l'aide d'un mixer, broyez-les en une poudre fine. Dans une jatte, fouettez 2 œufs avec 40 g de cassonade. Lorsque le mélange devient mousseux, ajoutez le pain d'épice en poudre. Mélangez soigneusement à la cuillère en bois.

2 **L'ajout de la gélatine.** Parfumez le mélange avec 2 cuillères à soupe de Cointreau. Pressez 1/2 orange et faites bouillir le jus. Incorporez-y une par une 3 feuilles de gélatine ramollies dans de l'eau froide et bien égouttées. Versez le jus d'orange et la gélatine dans la préparation au pain d'épice. Mélangez avec soin et réservez.

3 **La mousse de pain d'épice.** Dans un récipient très froid, montez 25 cl de crème fraîche liquide en chantilly bien ferme. À l'aide d'une spatule en caoutchouc, incorporez délicatement la chantilly au mélange précédent. Avec une cuillère, transvasez la mousse de pain d'épice dans 4 coupelles transparentes. Placez-les au réfrigérateur pendant 2 h.

4 **Le chocolat haché.** Sur une planche à découper et à l'aide d'un grand couteau, hachez 40 g de chocolat noir jusqu'à l'obtention de fines paillettes. Retirez les coupelles du réfrigérateur. Au dernier moment, parsemez la surface des mousses avec les paillettes de chocolat, en les répartissant régulièrement. Servez très frais.

›Astuce

Faites chauffer le jus d'orange au four à micro-ondes. Remuez avec une petite cuillère pour vous assurer que les feuilles de gélatine aient fondu entièrement.

Préparation : 45 minutes | Réfrigération : 2 heures | Cuisson : aucune | Réalisation : facile | Coût : assez cher

Retrouvez le goût de votre enfance
en savourant cet entremets d'une grande douceur...
Impossible à rater et rapide à préparer!

› Dégustation

Cette mousse à base de pain d'épice à l'avantage d'être simple à réaliser!
Son goût original vous assurera un franc succès, surtout si vous disposez de peu de temps et que vous ne souhaitez pas élaborer un dessert compliqué...

Panna cotta *à la vanille*

Ingrédients
(pour 4 personnes)

- 400 g de fraises
- 50 cl de crème fraîche épaisse
- 25 cl de lait entier
- 3 feuilles 1/2 de gélatine
- 1 gousse de vanille
- 1 cuillère à soupe de jus de citron
- 150 g de sucre en poudre

Ustensiles

- 4 ramequins ou petits moules

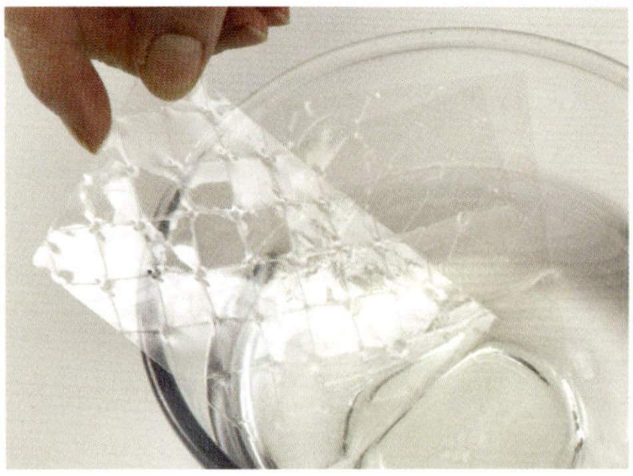

1 **Préparation de la crème.** Mettez 3 feuilles 1/2 de gélatine à tremper dans un bol d'eau froide pendant environ 10 min. Versez 25 cl de lait entier dans une casserole. Ajoutez 50 cl de crème fraîche épaisse et 100 g de sucre. Mélangez avec une cuillère en bois. Fendez 1 gousse de vanille en deux dans la longueur.

2 **Cuisson de la crème.** Grattez l'intérieur de la gousse de vanille avec la pointe d'un couteau en faisant tomber les graines dans le mélange de lait et de crème. Ajoutez la gousse. Faites chauffer la préparation à feu doux et retirez la casserole du feu juste avant l'ébullition. Couvrez et laissez infuser pendant 5 min.

3 **Moulage des panna cotta.** Égouttez la gélatine avec vos doigts, pressez-la et ajoutez-la dans la crème chaude. Remuez jusqu'à ce qu'elle soit totalement fondue. Passez la crème à travers une passoire fine. À l'aide d'une petite louche, répartissez-la en quantités égales dans 4 ramequins ou dans 4 petits moules. Laissez-les environ 6 h au réfrigérateur.

4 **Coulis et finitions.** Lavez 400 g de fraises, épongez-les et équeutez-les. Gardez-en quelques-unes pour le décor. Passez le reste au mixeur avec 50 g de sucre et 1 cuillère à soupe de jus de citron. Trempez les ramequins 5 secondes dans de l'eau chaude et démoulez les panna cotta sur les assiettes. Nappez de coulis et garnissez de fraises entières.

>Variante

Tapissez les ramequins de caramel avant d'y verser la panna cotta : un petit plus irrésistible ! Vous pouvez sucrer le coulis avec un miel à la saveur délicate ou l'amplifier avec un peu de liqueur de fraise ou de crème de cassis.

Préparation : 10 minutes | *Réfrigération : 6 heures* | *Cuisson : 5 minutes* | *Réalisation : facile* | *Coût : bon marché*

Outre qu'elle est délicieuse,
cette crème cuite d'origine italienne,
soulignée de son coulis de fraise,
est préparée en un tournemain.

› Astuce

Ne laissez pas les ramequins tremper longtemps dans l'eau chaude car la crème fondrait ! S'ils sont métalliques, 3 ou 4 secondes suffisent. S'ils sont en porcelaine ou en faïence, laissez-les 2 secondes de plus, puis décollez le bord en passant la pointe d'un couteau pour faire pénétrer de l'air.

Petits verres de chocolat noir *à la cuillère*

Ingrédients
(pour 4 personnes)

- 50 g de chocolat noir
- 1 cuillère à soupe de cacao en poudre
- 40 g d'amandes effilées hachées
- 1,5 feuilles de gélatine
- 20 cl de lait
- 25 cl de crème fraîche épaisse
- 50 g de sucre en poudre
- 1 cuillère à soupe de sucre glace

1 Le lait au chocolat. Avec un grand couteau, hachez 50 g de chocolat en menus morceaux. Dans une casserole, versez 20 cl de lait et 25 cl de crème épaisse puis portez à ébullition. Retirez du feu aussitôt et ajoutez le chocolat haché en pluie en fouettant assez vivement pour faciliter sa dissolution.
Ne laissez pas bouillir le mélange.

2 La confection de la crème. Conservez le lait chocolaté au chaud en le recouvrant. Faites tremper 1,5 feuilles de gélatine dans un peu d'eau froide pendant 5 min puis égouttez-les. Pressez-les entre vos doigts et ajoutez-les au lait chaud ainsi que 50 g de sucre en poudre. Mélangez bien à nouveau et versez la préparation dans un saladier.

3 La caramélisation des amandes. Lorsque le lait est complètement froid, répartissez-le dans 4 verres. Placez-les au réfrigérateur pendant 1 nuit. Quelques heures avant le service, placez 40 g d'amandes effilées hachées dans une poêle avec 1 cuillère à soupe de sucre glace. Tout en mélangeant, faites caraméliser à feu modéré, puis laissez refroidir.

4 La finition. Sortez les verres du réfrigérateur. La crème doit s'être solidifiée tout en conservant une certaine souplesse. Avec une cuillère à café, répartissez équitablement les amandes grillées dans les 4 verres puis saupoudrez délicatement le cacao. Servez bien frais sans attendre car le cacao risque de s'humidifier.

›Tour de main

Avant de remplir les verres, n'hésitez pas à filtrer la préparation avec une passoire fine afin d'éliminer tous les grumeaux. Placez les verres au congélateur au moins 30 min avant de les remplir.

Préparation : 30 minutes | *Réfrigération : 1 nuit* | *Cuisson : 5 minutes* | *Réalisation : facile* | *Coût : assez cher*

Fabuleux dessert réservé
aux véritables amateurs de chocolat
qui apprécieront sa texture
inimitable et délicieuse.

›Astuce

Pour cette recette, il est important de bien utiliser de la crème fraîche épaisse et non de la crème fraîche liquide. En effet, la crème épaisse acquiert sa texture onctueuse et sa légère acidité lors d'un processus de fermentation qui lui donne une saveur tout à fait unique.

Sabayon au cacao amer *et aux fruits secs*

Ingrédients
(pour 4 personnes)

- 150 g de chocolat noir
- 1 cuillère à soupe rase de cacao amer
- 4 figues sèches
- 6 abricots secs
- 50 g de raisins secs
- 50 g d'amandes effilées grillées
- 6 cuillères à soupe d'armagnac
- 5 jaunes d'œufs
- 17 cl de crème fraîche liquide
- 125 g de sucre en poudre

1 **Les fruits secs.** Sur une planche et avec un petit couteau, découpez 4 figues et 6 abricots en petits dés de la taille d'un grain de maïs, approximativement. Faites attention à ne pas écraser les figues. Placez les fruits dans un saladier et ajoutez 50 g de raisins secs. Versez-y 3 cuillères à soupe d'armagnac et autant d'eau froide. Mélangez.

2 **La ganache.** À l'aide d'un gros couteau, concassez 150 g de chocolat en petits morceaux, de taille aussi régulière que possible. Dans une casserole, portez 17 cl de crème liquide à ébullition. Versez-la aussitôt sur le chocolat concassé et mélangez avec une cuillère en bois. Couvrez et laissez fondre. Mélangez et réservez.

3 **Le sabayon.** Faites chauffer une casserole d'eau à feu moyen jusqu'à ce que l'eau soit chaude au doigt, sans frémir ni bouillir. Dans un saladier posé sur l'eau chaude, fouettez 5 jaunes d'œufs avec 125 g de sucre, 3 cuillères à soupe d'armagnac et 3 cuillères à soupe d'eau froide. Prolongez au batteur électrique pendant 10 min.

4 **La finition.** Fouettez le sabayon hors du feu pendant 5 min. Répartissez la ganache au fond de 4 assiettes creuses, avec une cuillère à soupe. Répartissez dessus les fruits secs et leur jus. Nappez avec le sabayon tiède et saupoudrez délicatement avec 1 cuillère à soupe rase de cacao amer et 50 g d'amandes effilées grillées.

›Variante

L'armagnac parfume très agréablement le sabayon mais vous pouvez le remplacer par du cognac, du kirsch, de la liqueur à l'orange, à la mandarine ou, si vous aimez, de l'amaretto. Idéalement, servez le sabayon, ni chaud, ni froid, mais tiède car c'est ainsi qu'il est le plus parfumé.

Préparation : 25 minutes | *Réfrigération : aucune* | *Cuisson : 10 minutes* | *Réalisation : délicate* | *Coût : assez cher*

Grâce à ce sabayon au cacao et aux fruits secs, renouez avec la grande tradition des desserts italiens, célèbres pour leur raffinement.

› Astuce

Pour que le sabayon soit bien aéré et léger, il est important que le bain-marie ne soit pas bouillant. Les jaunes doivent monter comme des blancs, prendre progressivement du volume et surtout ne pas cuire trop vite. Si vous avez un thermomètre, l'eau du bain-marie ne doit pas dépasser 75 °C.

Tiramisu aux biscuits roses *et chocolat*

Ingrédients
(pour 8 personnes)

- 250 g de mascarpone
- 20 biscuits roses de Reims
- 60 g de chocolat blanc
- 40 g de cacao amer
- 20 cl de champagne
- 3 blancs d'œufs
- 15 cl de crème fraîche liquide
- 60 g de sucre glace

Ustensile

- plat rectangulaire à bord haut

1 **La crème au mascarpone.** Mettez 250 g de mascarpone et 15 cl de crème liquide dans une jatte. Battez-les au fouet électrique jusqu'à l'obtention d'une crème lisse. Ajoutez peu à peu 40 g de cacao amer et 40 g de sucre glace en continuant de fouetter.

2 **La mousse au chocolat.** Montez 3 blancs d'œufs en neige ferme. À mi-parcours, ajoutez 20 g de sucre glace. À l'aide d'une spatule en caoutchouc, mélangez les blancs en neige et la crème au mascarpone. Réservez au frais.

3 **Les biscuits imbibés.** Râpez 60 g de chocolat blanc en fins copeaux. Un par un, trempez 9 biscuits roses dans 10 cl de champagne, en imbibant la face non sucrée. Disposez-les sur une seule couche dans un plat rectangulaire.

4 **La première couche.** Étalez la moitié de la mousse au chocolat sur les biscuits imbibés, en les recouvrant entièrement. Parsemez la mousse avec la moitié des copeaux de chocolat blanc. Placez 10 min au réfrigérateur.

5 **La deuxième couche.** Trempez 9 autres biscuits dans 10 cl de champagne. Disposez-les au fur et à mesure dans le plat. Recouvrez-les avec le restant de la mousse au chocolat. Égalisez la surface à l'aide d'une spatule en caoutchouc.

6 **La finition.** Parsemez la surface du tiramisu avec le reste des copeaux de chocolat blanc. Concassez grossièrement 1 ou 2 biscuits de Reims et décorez l'entremets de miettes roses. Placez au réfrigérateur pendant 24 h.

Préparation : 1 heure | Réfrigération : 24 heures | Cuisson : aucune | Réalisation : facile | Coût : très cher

Laissez-vous séduire
par cette version très festive du tiramisu :
champagne et biscuits roses de Reims
s'accordent si bien avec le chocolat !

› Dégustation

En raison de sa teneur en alcool, cet entremets n'est pas destiné aux enfants. En revanche, il porte fort bien son nom de « tiramisu » qui signifie littéralement « remonte-moi » ! Un petit plaisir à réserver aux soirs de grande fatigue ou de grand froid... Summum du raffinement : servez du champagne rosé !

Tiramisu *aux fraises*

Ingrédients
(pour 6 personnes)

- 250 g de fraises
- 250 g de mascarpone
- 1citron
- 150 g de biscuits à la cuillère
- 3 feuilles de gélatine
- 4 cuillères à soupe de Grand Marnier
- 20 cl de crème fraîche liquide
- 50 g de sucre en poudre

Ustensile

- plat à gratin carré

1 **Les biscuits à la cuillère.** Lavez et équeutez 250 g de fraises. Taillez-les en fines lamelles. Râpez le zeste de 1/2 citron. Arrosez-les de 1 cuillère à soupe de jus de citron et laissez-les macérer au frais. Rangez 150 g de biscuits à la cuillère dans un plat à gratin carré, en les serrant. Au pinceau, imbibez-les de 4 cuillères à soupe de Grand Marnier.

2 **La gélatine.** Pressez 1/2 citron et faites chauffer le jus dans une petite casserole. Hors du feu, incorporez-y 3 feuilles de gélatine ramollies dans de l'eau froide et bien égouttées. Laissez tiédir, puis versez la gélatine fondue dans une jatte contenant 250 g de mascarpone. Mélangez soigneusement au batteur électrique.

3 **La chantilly.** Montez 20 cl de crème fraîche liquide en chantilly. À mi-parcours, incorporez 50 g de sucre et le zeste de citron. À l'aide d'une spatule en caoutchouc, mélangez le mascarpone gélifié et la chantilly. Incorporez délicatement les fraises macérées. Transvasez la préparation dans le plat à gratin garni de biscuits.

4 **La finition.** Lissez la surface de la crème avec la spatule en caoutchouc. Placez le plat au réfrigérateur et laissez prendre pendant 6 h. Pour servir, prélevez de belles parts de tiramisu à l'aide d'une pelle à tarte. Disposez-les sur de petites assiettes de service. Décorez avec quelques fraises entières ou émincées.

>Astuce

Ne laissez pas d'interstices entre les biscuits à la cuillère : au besoin, taillez-les au couteau pour combler les espaces vides. Vous pouvez aussi utiliser des boudoirs, moins gros que les biscuits à la cuillère et plus pratiques à ranger dans le plat.

*En version fruitée, ce grand classique italien
ne perd rien de son charme !
Les fraises s'accordent si bien
avec la crème au mascarpone...*

› Variante

La présence de gélatine favorise la tenue du tiramisu. Facile à découper, ce dessert peut être servi un jour de fête sans que sa présentation laisse à désirer... Accompagnez-le d'un coulis de fraises ou de fruits rouges, pour souligner l'effet fruité. Offrez un vin blanc pétillant : crémant de Bourgogne ou blanquette de limoux.

Tiramisu *vénitien*

Ingrédients
(pour 4 personnes)

- 150 g de mascarpone
- 12 biscuits à la cuillère
- 3 cuillères à soupe de marsala
- 2 petits œufs
- 40 g de sucre en poudre
- 20 g de chocolat noir
- 2 cuillères à soupe de cacao
- café moulu
- 3 pincées de vanille en poudre
- 1 pincée de sel

Ustensile

- plat creux rectangulaire et étroit

1 **Le café.** Préparez 10 cl de café très fort : la quantité de poudre dépend de la cafetière ; les cafetières électriques demandent plus de poudre que les cafetières à piston ou les cafetières italiennes type « lessiveuse ». Laissez-le refroidir, puis ajoutez 3 cuillères à soupe de marsala. Cassez 2 œufs en séparant les blancs des jaunes.

2 La mousse. Ajoutez 3 pincées de vanille et 40 g de sucre aux jaunes d'œufs. Battez avec un fouet à main, jusqu'à ce que le mélange blanchisse. Incorporez peu à peu le mascarpone en mélangeant soigneusement avec une cuillère en bois. Ajoutez 1 pincée de sel aux blancs d'œufs et battez-les en neige ferme avec un batteur électrique.

3 **Le montage.** Incorporez très délicatement les blancs battus aux jaunes d'œufs sucrés / mascarpone. Versez le café dans une assiette creuse. Trempez 6 biscuits à la cuillère dans le café et couvrez-en le fond d'un plat creux rectangulaire. Nappez de crème au mascarpone. Râpez le chocolat dessus avec une grosse râpe ou un couteau économe.

4 **Les finitions.** Trempez 6 autres biscuits dans le café, déposez-les dans le moule sur le chocolat, couvrez avec le reste de la crème au mascarpone. Mettez le tiramisu au réfrigérateur et laissez-le reposer pendant au moins 3 h. Au moment de servir, saupoudrez généreusement le tiramisu de cacao, en le tamisant dans une passoire fine.

› Ingrédients

Utilisez du café arabica, plus parfumé et moins amer que le café robusta. Assurez-vous que vous disposez bien de véritable cacao (amer et non sucré) et non de poudre chocolatée qui, elle, est sucrée.

Préparation : 20 minutes | Réfrigération : 3 heures | Cuisson : aucune | Réalisation : assez facile | Coût : assez cher

Ce délicieux entremets venu d'Italie fait fureur !
Riche et parfumé, il est en outre facile
à préparer et ne nécessite pas de cuisson.

› Astuce

Montez votre tiramisu dans un plat pouvant juste contenir les biscuits.
Ne le choisissez pas trop haut pour pouvoir servir facilement.
Si la crème a coulé autour de l'entremets,
lissez-la avec une spatule métallique au moment de servir.

Tiramisu au whisky *et marrons glacés*

Ingrédients
(pour 4 personnes)

- 4 marrons glacés entiers
- 200 g de miettes de marrons glacés
- 200 g de mascarpone
- 12 biscuits à la cuiller
- 5 cl de whisky + 1 cuillère à soupe
- 1 cuillère à soupe de liqueur de châtaigne
- 1/4 cuillères à café de vanille en poudre
- 4 jaunes d'œufs
- 20 cl de crème fraîche liquide froide
- 50 g de sucre en poudre

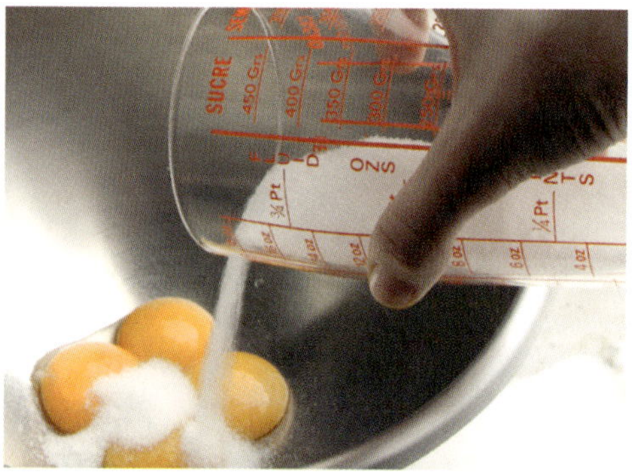

1 **La crème.** Cassez 4 œufs en séparant les jaunes des blancs. Réservez les blancs d'œufs pour un autre usage (meringue par exemple). Mettez les jaunes d'œufs dans le bol de votre mixer. Ajoutez 50 g de sucre en poudre. Fouettez au mixer les jaunes d'œufs et le sucre jusqu'à ce que le mélange blanchisse.

2 **Les finitions.** Ajoutez aux jaunes fouettés 1/4 de cuillères à café de vanille en poudre, 200 g de mascarpone (fromage italien) et 5 cl de whisky tout en mixant. Réservez au réfrigérateur. Fouettez 20 cl de crème liquide bien froide. Incorporez la crème fouettée au mélange à base de jaunes d'œufs et de mascarpone.

3 **Le montage.** Émiettez 12 biscuits à la cuiller dans un bol. Répartissez-les au fond de 4 verres. Arrosez de 1 cuillère à soupe de whisky ou de 1 cuillère à soupe de liqueur de châtaigne. Garnissez le fond des verres d'une couche de crème mascarpone. Pesez 200 g de miettes de marrons glacés. Recouvrez la crème mascarpone de la moitié des brisures.

4 **Le décor.** Masquez les brisures de marrons d'une seconde couche de crème au mascarpone, et recouvrez successivement de marrons émiettés et de crème. Laissez au réfrigérateur pendant au moins 2 h. Juste avant de servir, décorez chaque verre d'un marron glacé entier. Servez si vous le souhaitez avec des biscuits à la cuiller.

›Astuce

Travaillez le mascarpone au fouet avant de l'incorporer aux jaunes d'œufs. Si vous préférez arroser les biscuits de whisky, parsemez-les d'un peu de sucre glace ou de sucre en poudre.

Préparation : 20 minutes | *Réfrigération : 2 heures* | *Cuisson : aucun* | *Réalisation : facile* | *Coût : assez cher*

Les courtisans vénitiens consommaient
ce dessert très riche pour fortifier
leurs ardeurs amoureuses.
À découvrir !

› Variante

Remplacez les biscuits à la cuiller par des macarons aux amandes ;
ils sont plus coûteux mais très savoureux.
Les débris ou brisures de marrons glacés sont beaucoup
plus économiques que les marrons glacés entiers.

Verrines au chocolat *et à la confiture de lait*

Ingrédients
(pour 4 personnes)

- 100 g de chocolat noir
- 8 fraises
- 100 g de confiture de lait
- 2 cuillères à soupe d'amandes effilées
- 3 cuillères à soupe de cognac
- 2 pincées de cannelle
- 1,5 feuille de gélatine
- 2 œufs
- 4 cuillères à soupe de crème fraîche liquide
- 1 pincée de sel

Ustensiles

- 4 verres hauts et étroits

1 **Le chocolat fondu.** Cassez 100 g de chocolat noir en morceaux, mettez-les dans une jatte supportant la chaleur et faites-les fondre au dessus d'une casserole d'eau à peine frémissante. Cassez 2 œufs en séparant les blancs des jaunes.

2 **La mousse au chocolat.** Lorsque le chocolat a fondu, lissez-le délicatement. Incorporez les 2 jaunes d'œufs l'un après l'autre. Parfumez le chocolat avec 2 pincées de cannelle. Ajoutez 1 cuillère à soupe de cognac et mélangez.

3 **Les blancs en neige.** Ajoutez 1 pincée de sel aux 2 blancs d'œufs ; battez-les en neige et incorporez-les à la mousse. Répartissez celle-ci dans 4 verres hauts, mettez-les au réfrigérateur et laissez la mousse prendre pendant 1 h.

4 **La gélatine.** Faites tremper 1,5 feuille de gélatine dans un bol d'eau froide pendant 5 min. Faites tiédir 2 cuillères à soupe de cognac, ajoutez la gélatine essorée entre vos doigts et laissez-la fondre en remuant, à feu doux.

5 **L'ajout des fraises.** Mélangez la gélatine fondue avec 100 g de confiture de lait. Fouettez 4 cuillères à soupe de crème et incorporez-la à la confiture de lait. Lavez 8 fraises, équeutez-les et coupez-les en lamelles. Disposez les fraises dans les verres.

6 **Les amandes grillées.** Versez la mousse au lait sur les fraises. Remettez les verres au réfrigérateur pendant 1 h. Faites griller 2 cuillères à soupe d'amandes effilées. Parsemez les mousses juste avant de servir.

Préparation + cuisson : 20 minutes | Réfrigération : 2 heures | Réalisation : facile | Coût : bon marché

Une mousse au chocolat
surmontée d'une mousse à la confiture de lait,
rafraîchies par des lamelles de fraises...
Un vrai délice !

› Astuce

Faites griller les amandes jusqu'à ce qu'elles blondissent, dans une poêle à revêtement antiadhésif sans matières grasses, à feu moyen. Remuez souvent.

› Îles flottantes, œufs à la neige, crèmes

Bagatelle *william*

Ingrédients
(pour 4 personnes)

2 poires william moyennes

4 biscuits roses

1 cuillère à soupe d'eau-de-vie de poire

1 œuf + 2 jaunes

2 feuilles de gélatine

125 g de sucre en poudre

1 pincée de sel

Ustensiles

4 coupes à dessert

1 **La préparation des poires.** Versez 125 g de sucre dans une casserole moyenne. Ajoutez 20 cl d'eau, mélangez, laissez fondre le sucre à feu doux, puis portez à ébullition. Pelez 2 poires avec un couteau économe, coupez-les en quatre et retirez le cœur et les pépins. Plongez les poires dans le sirop bouillant et baissez le feu.

2 **La purée de poires.** Couvrez la casserole et laissez cuire les fruits dans le liquide juste frémissant pendant 15 min. Égouttez les poires avec une écumoire, mettez-les dans le bol d'un robot et réduisez-les en purée. Faites tremper 2 feuilles de gélatine dans un bol d'eau froide. Mélangez 3 jaunes d'œufs dans une jatte.

3 **La confection de la crème.** Versez doucement le sirop de cuisson des poires sur les jaunes d'œufs, en remuant. Reversez le tout dans la casserole et faites cuire, sans laisser bouillir, en remuant sans cesse. Retirez du feu, égouttez la gélatine avec les doigts, ajoutez-la à la crème, puis parfumez avec 1 cuillère à soupe d'eau-de-vie de poire.

4 **Le montage.** Mélangez la purée de poires à la crème. Laissez refroidir. Battez 1 blanc d'œuf en neige ferme, avec 1 pincée de sel. Incorporez-le à la crème. Déposez 4 biscuits roses au fond de 4 coupes. Versez la crème dessus. Couvrez de film alimentaire. Mettez au réfrigérateur et laissez prendre pendant 3 h au moins.

›Astuce

Faites cuire la crème en remuant sans cesse et sans laisser bouillir. Retirez-la du feu lorsqu'elle nappe la cuillère : soulevez celle-ci, passez rapidement un doigt sur son dos ; la trace laissée doit être nette.

Préparation : 20 minutes | Réfrigération : 3 heures | Cuisson : 15 minutes | Réalisation : facile | Coût : bon marché

Purée de poires et crème anglaise allégée :
un duo réussi pour un dessert
tout en légèreté qui porte bien son nom !

› Variante

L'emploi d'un blanc en neige au lieu de crème fouettée fait de cette bagatelle un dessert très léger.
Vous pouvez aussi présenter ce dessert dans une grande coupe de service.

Crème à la cannelle *et au chocolat*

Ingrédients
(pour 4 personnes)

200 g de chocolat noir

1 cuillère à café de cannelle

1 cuillère à soupe de miel

5 cl de lait

30 cl de crème fraîche liquide

60 g de sucre blanc en poudre

8 cuillères à soupe de sucre brun

4 cuillères à soupe de sirop de sucre de canne

1 sachet de sucre vanillé

1 cuillère à café de fécule de maïs

Ustensiles

4 grands verres ou 8 petits pots en verre

1 **Le chocolat.** Cassez 200 g de chocolat en morceaux. Mettez-les dans une casserole. Ajoutez 60 g de sucre en poudre, 1 sachet de sucre vanillé et 1 cuillère à soupe de miel. Placez au bain-marie et faites fondre à feu moyen.

2 **Le sucre du décor.** Versez 4 cuillères à soupe de sirop de sucre dans une assiette creuse. Dans une autre assiette, mélangez 8 cuillères à soupe de sucre brun avec 1/2 cuillère à café de cannelle. Préparez 8 petits pots ou 4 grands verres.

3 **Le décor.** Trempez d'abord le haut des pots ou des verres dans le sirop de sucre, puis trempez-les dans le sucre brun. Réservez. Remuez le chocolat pour lisser la préparation. Ajoutez 30 cl de crème liquide tout en mélangeant au fouet.

4 **La liaison.** Dans un bol, délayez 1 cuillère à café de fécule de maïs avec 5 cl de lait froid. Versez en mélangeant au fouet dans la casserole de chocolat fondu. Ajoutez 1/2 cuillère à café de cannelle moulue en mélangeant.

5 **La cuisson.** Mettez la casserole sur le feu et portez doucement à ébullition, en remuant constamment pour que la crème n'attache pas au fond. Continuez à faire cuire jusqu'à ce que la crème épaississe. Retirez du feu.

6 **La finition.** Répartissez aussitôt la crème dans les verres ou les petits pots givrés de sucre brun. Laissez-les refroidir à température ambiante puis placez-les au réfrigérateur pendant 1 h au minimum. Servez très frais.

Préparation : 35 minutes | *Réfrigération : 1 heure* | *Cuisson : 20 minutes* | *Réalisation : assez facile* | *Coût : assez cher*

Ressemblant à s'y méprendre
à des yaourts au chocolat,
givrées de sucre brun, ces crèmes
ont gardé le goût des desserts d'antan.

› Astuce

Pour une crème moins riche, remplacez une partie de la crème liquide par du lait et mettez 1 ou 2 pincées de fécule de maïs de plus. La crème est cuite dès qu'elle a épaissi : le temps de cuisson prend en moyenne 10 min.

Crème *au chocolat blanc caramélisée*

Ingrédients
(pour 4 personnes)

- 120 g de chocolat blanc
- 1 orange
- 2 pincées de vanille
- 1 cuillère à café de jus de citron
- 4 gros jaunes d'œufs
- 30 cl de crème fraîche épaisse
- 75 g de sucre en poudre

Ustensiles

- 4 ramequins de 10 cl de contenance

1 **Le chocolat râpé.** Râpez 120 g de chocolat blanc, sur le gros côté d'une râpe. Mettez-le ensuite dans un bol supportant la chaleur. Faites fondre lentement au bain-marie sans y toucher. Brossez 1 orange sous de l'eau tiède.

2 **Le zeste râpé.** Essuyez l'orange avec du papier absorbant et râpez finement son zeste. Versez 30 cl de crème fraîche épaisse dans une petite casserole. Ajoutez 2 pincées de vanille et portez à ébullition, à feu doux.

3 **Le mélange du chocolat.** Retirez le chocolat fondu du feu et mélangez-le doucement avec une cuillère en bois. Incorporez 4 jaunes d'œufs, l'un après l'autre. Arrosez avec la crème chaude, toujours en remuant. Ajoutez le zeste d'orange.

4 **La cuisson de la crème.** Versez le mélange dans la casserole et faites cuire à feu doux, en remuant sans cesse, jusqu'à ce que la crème nappe la cuillère. Filtrez la crème dans une passoire fine et répartissez-la entre 4 ramequins.

5 **La préparation du caramel.** Laissez refroidir les crèmes, puis placez-les dans le réfrigérateur pendant 4 h au moins. Une heure avant de servir, versez 75 g de sucre dans une petite casserole. Mouillez-le avec 2 cuillères à soupe d'eau.

6 **La finition.** Faites cuire le sucre jusqu'au stade du caramel. Retirez du feu, ajoutez 1 cuillère à café de jus de citron. Lorsque le caramel a cessé de bouillonner, versez-le sur les crèmes. Placez au réfrigérateur. Servez très frais.

Préparation + cuisson : 35 minutes | *Réfrigération : 4 à 5 heures* | *Réalisation : facile* | *Coût : bon marché*

*Un onctueux mélange de crème fraîche
et de chocolat blanc discrètement relevé d'orange,
sous un glacis de caramel...*

›Astuce

Ne laissez surtout pas bouillir la crème avec les jaunes d'œufs car elle tournerait.
Faites cuire le caramel jusqu'à ce qu'il soit d'un blond très soutenu.
Vous pouvez caraméliser les crèmes 2 ou 3 h à l'avance.
Il est important qu'elles soient très froides pour que le caramel durcisse immédiatement.

Crème aux chocolats *blanc et noir, épices douces*

Ingrédients
(pour 8 personnes)

- 200 g de chocolat noir
- 150 g de chocolat blanc
- 2 g de gélatine en feuille
- 1/2 cuillère à café de vanille en poudre
- 1/2 de cuillère à café de cannelle en poudre
- 4 pincées de muscade en poudre
- 4 capsules de cardamome
- 1 blanc d'œuf
- 40 cl de crème fraîche liquide
- 50 g de sucre en poudre
- 60 g de cassonade
- 1 cuillère à café de Maïzena

1 **Le chocolat noir.** Mettez 200 g de chocolat noir en petits morceaux dans une casserole. Faites fondre au bain-marie. Remuez pour lisser le chocolat. Ajoutez peu à peu 30 cl de crème liquide. Ôtez du bain-marie.

2 **La crème chocolat noir.** En remuant au fouet, délayez 1 cuillère à café de Maïzena avec un filet d'eau. Versez sur le chocolat. Portez à ébullition sans cesser de remuer et faites cuire jusqu'à épaississement. Réservez.

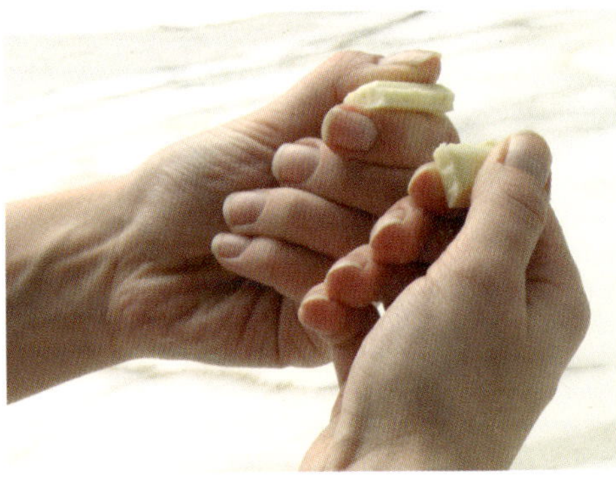

3 **Le chocolat blanc.** Cassez 150 g de chocolat blanc en tout petits morceaux ou râpez-le. Mettez dans une casserole. Faites fondre au bain-marie et lissez en remuant. Mettez à tremper 2 g de gélatine dans de l'eau froide.

4 **La crème chocolat blanc.** Égouttez et essorez la gélatine entre vos doigts. Incorporez-la au chocolat blanc en remuant au fouet. Ajoutez peu à peu 10 cl de crème liquide. Ôtez du feu et laissez refroidir. Battez en neige 1 blanc d'œuf.

5 **Le moulage.** Ajoutez 50 g de sucre au blanc d'œuf tout en battant. Incorporez-les au chocolat blanc. Répartissez la crème au chocolat noir dans 8 verres. Recouvrez de crème au chocolat blanc. Réfrigérez 3 h.

6 **Le sucre épicé.** Ouvrez 4 capsules de cardamome, prélevez leurs graines. Broyez-les. Mélangez avec 1/2 cuillère à café de vanille, autant de cannelle, 4 pincées de muscade et 60 g de cassonade. Parsemez-en les coupes.

Préparation : 50 minutes | Réfrigération : 3 heures | Cuisson : 15 minutes | Réalisation : délicate | Coût : bon marché

Ces coupes très élégantes ponctueront
à merveille un repas raffiné.
À réserver aux amateurs
de chocolat et de saveurs épicées.

› Décoration

Le succès de ce dessert repose sur l'association des couleurs noire et blanche.
Pour accentuer ce contraste, vous pouvez remplacer les épices douces par des grains de café.

Crème au chocolat *praliné en corolles*

Ingrédients
(pour 4 personnes)

- 4 feuilles de brick
- 120 g de chocolat praliné « Pralinoise »
- 10 cl de crème semi-épaisse à 5 % de matière grasse
- 50 g de beurre
- 2 œufs
- 1 cuillère à soupe de sucre en poudre

Ustensiles

- 4 ramequins ou 4 moules à soufflé de 15 cm de diamètre

1 **Le chocolat.** Cassez 120 g de chocolat « Pralinoise » en morceaux. Mettez ceux-ci dans une jatte supportant la chaleur avec 10 cl de crème semi-épaisse. Placez la jatte dans un bain-marie chaud et laissez fondre. Lorsque le chocolat est en crème, mélangez, puis ajoutez 40 g de beurre en dés.

2 **La mousse.** Cassez 2 œufs en séparant les blancs des jaunes. Hors du feu, incorporez 2 jaunes d'œufs et 1 cuillère à soupe de sucre au chocolat fondu. Laissez refroidir. Battez les 2 blancs en neige ferme. Incorporez-les délicatement à la préparation au chocolat. Laissez au moins 3 h au réfrigérateur.

3 **Les corolles.** Préchauffez votre four à 180 °C (th. 6). Faites fondre 10 g de beurre et badigeonnez-en 4 feuilles de brick des deux côtés. Posez-les dans 4 ramequins ou 4 moules à soufflés d'environ 15 cm de diamètre et retournez les bords vers l'extérieur en forme de corolle. Faites dorer 5 min au four.

4 **La finition.** Sortez les moules du four, démoulez délicatement les corolles et laissez-les refroidir complètement sur une grille à pâtisserie. Au moment de servir, emplissez les corolles délicatement de crème mousseuse au chocolat praliné, puis déposez-les sur les assiettes.

› Astuce

Incorporez les blancs d'œufs battus en neige doucement, sans tourner ni battre, mais en coupant la pâte de bas en haut, tout en faisant pivoter régulièrement le récipient.

Préparation : 20 minutes | Réfrigération : 3 heures | Cuisson : 10 minutes | Réalisation : facile | Coût : bon marché

Moins ferme qu'une mousse au chocolat classique, mais onctueuse et parfumée, cette crème séduira par sa présentation en corolles croustillantes.

› Conservation

Vous trouverez des feuilles de brick au rayon des produits frais des petites et grandes surfaces. Pour une utilisation plus aisée, préférez celles qui ne sont pas pliées en deux. Après usage, refermez soigneusement le sachet (qui en contient généralement dix) et conservez-le au réfrigérateur.

Crème *créole*

Ingrédients
(pour 8 personnes)

- 100 g de noix de coco râpée
- 5 cl de rhum
- 6 bonbons de caramel
- 8 jaunes d'œufs
- 80 cl de lait
- 20 cl de crème fraîche liquide

Ustensiles

- 8 petits pots ou 8 moules individuels

1 **Le lait coco.** Versez 80 cl de lait dans une casserole et ajoutez 100 g de noix de coco râpée. Portez à ébullition et retirez du feu. Couvrez et laissez infuser pendant 10 min afin que le lait s'imprègne de coco. Filtrez au travers d'une passoire. Mettez 8 jaunes d'œufs dans un saladier et mélangez au fouet.

2 **Les pots de crème.** Ajoutez progressivement aux jaunes d'œufs le lait encore tiède sans cesser de remuer au fouet afin que le lait ne cuise pas les jaunes. Ajoutez 5 cl de rhum et 20 cl de crème. Tapissez un plat allant au four d'une feuille de papier sulfurisé. Posez dessus 8 petits pots ou moules individuels.

3 **Le moulage et la cuisson.** Répartissez à la louche la crème au coco et au rhum dans les moules. Remplissez le bain-marie d'eau à mi-hauteur. Mettez dans le four préchauffé à 150 °C (th. 5). Faites cuire pendant 30 à 35 min environ. Retirez du four. Sortez les moules du bain-marie en prenant garde de ne pas vous brûler.

4 **Les finitions.** Laissez refroidir les moules à température ambiante et réfrigérez-les pendant 3 h afin que la crème soit bien fraîche, raffermie et homogène. Concassez en éclats 6 bonbons de caramel. Parsemez les crèmes de ces éclats. Servez aussitôt, éventuellement avec des biscuits secs.

› Ingrédients

N'utilisez pas de crème légère ou d'autres préparations laitières allégées car elles sont moins stables qu'une crème fraîche standard et donneront un résultat moins onctueux.

De petits pots aromatisés au rhum
et à la noix de coco...
Une crème douce et onctueuse,
à savourer les yeux fermés.

› Astuce

Pour éviter une sur-coloration, mettez une plaque à pâtisserie sur les petits pots pendant la cuisson.
Le papier sulfurisé placé au fond du bain-marie évite les projections d'eau dans la crème.

Crème brûlée *à la cerise*

Ingrédients
(pour 4 personnes)

150 g de cerises

1 cuillère à soupe de kirsch

1 œuf + 2 jaunes

30 cl de crème fraîche liquide

4 cuillères à soupe de cassonade

30 g de sucre en poudre

1/2 cuillère à soupe de fécule de pomme de terre

Ustensiles

4 ramequins peu profonds de 10 cm de diamètre

1 **Les cerises à la crème.** Lavez 150 g de cerises, dénoyautez-les et équeutez-les. Coupez-les en quatre. Mettez les cerises dans une casserole avec 30 cl de crème fleurette. Portez doucement à ébullition, puis laissez refroidir. Filtrez la crème à travers une passoire et remettez-la dans la casserole. Mettez les cerises de côté.

2 **La cuisson de la crème.** Remettez la crème sur le feu et faites-la chauffer. Battez au fouet à main 2 jaunes d'œufs avec 1 œuf entier et 30 g de sucre en poudre. Incorporez 1/2 cuillère à soupe de fécule de pomme de terre. Versez la crème chaude sur les œufs en remuant, reversez dans la casserole et faites cuire en remuant jusqu'à l'ébullition.

3 **Le montage.** Retirez la casserole du feu et incorporez 1 cuillère à soupe de kirsch. Répartissez les cerises entre 4 ramequins. Versez la crème chaude par-dessus et laissez refroidir à température ambiante. Entreposez ensuite les crèmes dans le réfrigérateur et laissez-les au moins 3 h pour qu'elles soient très froides.

4 **La crème au gril.** Allumez le gril du four à la température maximale. Saupoudrez les crèmes avec 4 cuillère à soupe de cassonade. Glissez-les le plus près possible de la rampe du gril et laissez caraméliser pendant environ 3 min, en surveillant. Servez les crèmes immédiatement ou laissez-les refroidir à nouveau.

›Tour de main

Pour que chaque bouchée comporte de la crème onctueuse et du sucre vanillée croquant, les ramequins utilisés doivent être large et plus profond. Vous pouvez utiliser un fer spécial ou un chalumeau pour obtenir une caramélisation plus régulière.

Préparation : 15 minutes | Réfrigération : 3 heures | Cuisson : 8 minutes | Réalisation : facile | Coût : bon marché

Sous une croûte craquante, une crème parfumée
à la texture tendre ou croquante
selon la variété des cerises utilisées.

› Astuce

Laissez cuire la crème jusqu'à ce qu'elle épaississe légèrement.
Elle peut et doit bouillir (légèrement) puisqu'elle comporte de la fécule.
Vous pouvez remplacer le kirsch par 1 cuillère à soupe de liqueur
à la cerise mais cette liqueur colorera légèrement la crème.

Crème brûlée *à la chicorée*

Ingrédients
(pour 4 personnes)

- 1 cuillère à soupe de chicorée en grains
- 2 cuillères à soupe cuillère de cognac
- 1 œuf + 4 jaunes
- 20 cl de lait
- 20 cl de crème fraîche épaisse
- 75 g de sucre en poudre
- 4 cuillères à soupe de cassonade

Ustensiles

- 4 plats à œufs

1 **L'infusion de chicorée.** Versez 20 cl de lait dans une casserole, ajoutez 20 cl de crème et portez à ébullition. Mettez 1 cuillère à soupe de chicorée dans ce mélange, retirez du feu, couvrez et laissez infuser pendant 10 min. Cassez 1 œuf dans une jatte. Ajoutez 4 jaunes d'œufs et 75 g de sucre en poudre. Fouettez pour dissoudre le sucre.

2 **La répartition dans les plats.** Filtrez l'infusion de chicorée à travers une passoire fine. Versez le mélange de lait et de crème sur les œufs en mélangeant doucement avec une cuillère en bois. Incorporez 2 cuillères à soupe de cognac. Répartissez la préparation entre 4 plats à œufs à l'aide d'une petite louche. Laissez reposer 10 min.

3 **La cuisson des crèmes.** Préchauffez votre four à 150 °C (th. 5). Versez de l'eau juste frémissante dans la lèchefrite de votre four. Déposez les 4 plats dans la lèchefrite. Faites cuire au four pendant 25 min. Lorsque les crèmes sont cuites, sortez-les du bain-marie, laissez-les refroidir à température ambiante.

4 **La caramélisation.** Mettez ensuite les crèmes dans le réfrigérateur et laissez-les au moins 2 h. Allumez le gril du four. Saupoudrez les crèmes avec 4 cuillères à soupe de cassonade. Glissez-les sous le gril, le plus près possible de la source de chaleur et laissez-les de 2 à 3 min, jusqu'à ce que le sucre caramélise.

› Tour de main

Avant de verser la préparation dans les plats, retirez avec une cuillère à soupe la mousse ou les bulles d'air qui sont restées à la surface.
C'est aussi pour éviter la présence de l'air dans les crèmes qu'il faut emplir les plats doucement, avec une petite louche ou une cuillère.

Préparation : 40 minutes | Réfrigération : 2 heures | Cuisson : 25 minutes | Réalisation : assez facile | Coût : assez cher

Une crème comme les préparaient nos grands-mères : onctueuse, délicatement parfumée sous sa couche de sucre caramélisé.

› Astuce

Le mieux est d'utiliser des plats à œufs : dans des ramequins, l'épaisseur de la crème serait telle que la cuisson serait beaucoup plus longue et que la croûte caramélisée serait trop fine. Surveillez attentivement les crèmes sous le gril préchauffé à la température maximum : elles caramélisent très vite.

Crème brûlée *au chocolat blanc*

Ingrédients
(pour 4 personnes)

- 100 g de chocolat blanc
- 100 g de fruits confits
- 2 cuillères à soupe de cognac
- 4 jaunes d'œufs
- 30 cl de crème fleurette à 20 %
- 4 cuillères à soupe de sucre de canne blond

Ustensiles

- 4 ramequins de 10 cm de diamètre, 10 cl de contenance et 1,5 cm de hauteur

1 **Le chocolat blanc haché.** Hachez finement 100 g de fruits confits mélangés. Mettez-les dans un bol, couvrez-les avec 2 cuillères à soupe de cognac et laissez-les macérer 30 min. Posez 100 g de chocolat blanc sur une planche à découper. Taillez-le en lamelles de 2 mm avec un grand couteau, recoupez ces lamelles en petits morceaux.

2 **Le mélange œufs-crème.** Mettez le chocolat dans un bol supportant la chaleur avec 5 cl de crème fleurette. Placez le bol au-dessus d'une casserole d'eau chaude mais non bouillante. Laissez fondre lentement le chocolat. Battez 4 jaunes d'œufs dans une jatte. Ajoutez 25 cl de crème fleurette et mélangez soigneusement, sans battre.

3 **Le remplissage des ramequins.** Préchauffez le four à 100 °C (th. 3-4). Remuez le chocolat fondu et ajoutez-le aux œufs en mélangeant doucement avec une cuillère en bois. Répartissez le mélange entre 4 ramequins larges. Égouttez les fruits confits et éparpillez-les à la surface des crèmes. Mettez au four et laissez cuire pendant 1 h.

4 **La caramélisation.** Laissez refroidir les crèmes hors du four, puis laissez-les au moins 2 h dans le réfrigérateur. Saupoudrez-les avec 4 cuillères à soupe de sucre de canne blond, glissez-les le plus près possible du gril et laissez caraméliser pendant environ 2 min. Laissez refroidir, puis remettez les crèmes 2 h au réfrigérateur.

› Tour de main

Effectuez les mélanges avec une cuillère, en remuant doucement pour ne pas introduire d'air dans les crèmes, ce qui produirait des petits trous à la surface après la cuisson. De même, versez la crème dans les ramequins à l'aide d'une cuillère.

Préparation : 45 minutes | *Réfrigération : 4 heures* | *Cuisson : 1 heure* | *Réalisation : assez facile* | *Coût : bon marché*

Un onctueux dessert à l'ancienne
sous sa croûte caramélisée,
enrichi du parfum des fruits confits...
À déguster au coin du feu !

› Astuce

Le temps de cuisson est prévu pour des ramequins larges remplis sur environ 1,5 cm d'épaisseur et offrant une surface d'environ 10 cm de diamètre pour que la croûte caramélisée puisse accompagner chaque bouchée.

Crème brûlée *au pain d'épice*

Ingrédients
(pour 4 personnes)

- 60 g de pain d'épice
- 3 cuillères à soupe de miel
- 4 cuillères à soupe de cassonade
- 30 cl de crème fraîche liquide
- 5 jaunes d'œufs
- 25 cl de lait entier

Ustensiles

- 4 plats individuels en porcelaine

1 **Le parfum.** Versez 25 cl de lait, 30 cl de crème fraîche et 3 cuillères à soupe de miel dans une casserole. Portez à ébullition en remuant avec une cuillère en bois pour faire fondre le miel. Émiettez 60 g de pain d'épice que vous ajouterez dans la casserole. Retirez du feu, couvrez et laissez refroidir.

2 **La crème.** Préchauffez votre four à 100 °C (th. 2-3). Filtrez le lait froid dans une passoire fine, puis faites-le réchauffer jusqu'à ce qu'il soit bouillant. Fouettez 5 jaunes d'œufs dans un saladier avec un fouet à main. Versez par-dessus le lait aromatisé, tout en mélangeant doucement avec le fouet.

3 **La cuisson.** Filtrez à nouveau la crème à travers une passoire fine, puis répartissez-la dans 4 plats individuels en porcelaine. Laissez reposer 45 min avant de les faire cuire au four pendant 45 min. Laissez refroidir à température ambiante, puis placez les crèmes au réfrigérateur pendant au moins 12 h.

4 **La finition.** Au moment de servir, allumez votre gril à la température maximale. Épongez le dessus des crèmes avec du papier absorbant. Saupoudrez chaque crème avec 1 cuillère à soupe de cassonade. Glissez les plats sous le gril, et laissez caraméliser quelques secondes, en surveillant. Servez sans attendre.

›Astuce

Si votre four ne peut être réglé sur 100 °C, disposez les plats dans une plaque creuse avec de l'eau tiède et faites cuire à 130 °C environ. La cuisson est parfaite lorsque le cœur de la crème est encore tremblotant.

Préparation : 30 minutes | Repos : 45 minutes | Cuisson : 50 minutes | Réalisation : assez facile | Coût : bon marché

*La texture onctueuse de la crème bien glacée
forme un contraste exquis
avec le sucre caramélisé et brûlant.
Saveur d'enfance...*

› Astuce

Utilisez des plats n'ayant pas plus de 2 cm de haut (des plats à œufs conviennent très bien), d'au moins 12 cm de diamètre. Passez-les sous l'eau froide, ne les essuyez pas et ne les remplissez pas jusqu'en haut.

Crème brûlée *aux raisins et au thé*

Ingrédients
(pour 4 personnes)

- 60 g de raisins secs
- 2 cuillères à café bombées de thé parfumé
- 6 jaunes d'œufs
- 50 cl de crème fraîche liquide
- 80 g de cassonade
- 8 cuillères à café de sucre semoule

Ustensiles

- 4 ramequins en terre vernissée
- chalumeau

1 **Les raisins macérés.** Versez 1 cuillère à café bombée de thé parfumé dans 20 cl d'eau bouillante. Laissez infuser 5 min, puis filtrez le thé. Versez-le dans un bol contenant 60 g de raisins secs. Laissez refroidir entièrement, puis transvasez les raisins et le thé dans une boîte hermétique. Mettez à macérer 24 h au réfrigérateur.

2 **La crème au thé.** Faites chauffer 50 cl de crème fraîche liquide sur feu doux.
À l'ébullition, ôtez du feu et ajoutez 1 cuillère à café bombée de thé. Laissez infuser 5 min à couvert. Dans une jatte, fouettez 6 jaunes d'œufs et 80 g de cassonade. Filtrez la crème à travers une passoire fine, versez-la dans la jatte et mélangez.

3 **La cuisson.** Préchauffez le four à 150 °C (th. 5). Égouttez les raisins macérés. Transvasez la crème au thé dans 4 ramequins en terre vernissée. Répartissez les raisins dans les ramequins. Glissez ces derniers dans le four et faites-les cuire pendant 1 h. Laissez-les refroidir, puis placez-les pendant 2 h au réfrigérateur.

4 **La caramélisation.** Au dernier moment, sortez les ramequins du réfrigérateur. Saupoudrez chaque crème d'une cuillère à café de sucre semoule. Caramélisez-les à l'aide d'un chalumeau. Ajoutez 1 cuillère à café de sucre et chauffez de nouveau au chalumeau, jusqu'à l'obtention d'une couche uniforme de caramel. Servez aussitôt.

› Dégustation

Caramélisez les crèmes au tout dernier moment,
pour que la fine pellicule de sucre doré garde son délicieux croquant !
Servez l'entremets avec un vin blanc moelleux
et accompagnez-le de crêpes dentelles.

Préparation : 40 minutes | Macération : 24 heures | Cuisson : 1 heure | Réalisation : assez facile | Coût : bon marché

Les amateurs de crème brûlée
apprécieront cette variante délicate,
parfumée au thé et garnie de raisins macérés.
Un délice très craquant !

› Astuce

Utilisez des ramequins à crème catalane en terre vernissée et à bord peu élevé.
La crème ne doit pas dépasser 1,5 cm d'épaisseur.
En revanche, elle doit présenter une large surface à caraméliser !

Crème onctueuse *à l'amande*

Ingrédients
(pour 4 à 6 personnes)

- 125 g d'amandes en poudre
- 80 g de cassonade
- 75 cl de lait
- 4 œufs
- 1/2 gousse de vanille
- 10 g de beurre pour le moule
- 1 pincée de sel

Ustensile

- moule à soufflé

1 **Infusion du lait.** Versez 75 cl de lait dans une casserole à fond épais. Ajoutez 80 g de cassonade, 125 g d'amandes en poudre et 1/2 gousse de vanille fendue en deux. Portez à ébullition sur feu doux en remuant de temps en temps avec une cuillère en bois. Retirez du feu. Couvrez. Laissez infuser jusqu'à ce que le lait soit froid.

2 **Filtrage du lait.** Préchauffez le four à 180 °C, th. 6. Préparez un bain-marie : faites bouillir de l'eau et versez-la dans un plat creux. Beurrez un moule à soufflé. Filtrez le lait d'amande à travers une passoire très fine en pressant avec le dos d'une cuillère ou bien avec un pilon. Versez-le dans une casserole et faites-le réchauffer à feu doux.

3 **Préparation de la crème.** Cassez 4 œufs dans une jatte, ajoutez 1 pincée de sel. Battez-les en omelette avec une fourchette. Versez doucement le lait très chaud sur les œufs en remuant, sans fouetter, avec un fouet à main. Filtrez une nouvelle fois la préparation. Versez la crème dans le moule beurré.

4 **Cuisson de la crème.** Placez le moule dans le bain-marie. Glissez le tout au four et laissez cuire pendant 1 h, jusqu'à ce que la crème soit dorée. Sortez le moule du four. Posez-le sur une grille et laissez refroidir. Entreposez ensuite la crème au réfrigérateur pendant au moins 2 h avant de la déguster.

› Variante

Faites cuire la crème dans de jolis ramequins individuels ou dans d'anciens pots à crème et présentez-les posés sur des assiettes à dessert. Diminuez alors le temps de cuisson.

Préparation : 35 minutes | Réfrigération : 2 heures | Cuisson : 1 heure | Réalisation : facile | Coût : assez cher

Un entremets à la délicate saveur d'amande,
particulièrement riche en protéines,
à déguster très frais.

› Astuce

Après avoir filtré le lait une première fois, vous devez obtenir environ 60 cl de lait d'amandes. Si toutefois vous en avez plus, n'hésitez pas à ajouter 1 œuf.

Crème renversée *au coco*

Ingrédients
(pour 4 personnes)

20 cl de lait de coco

170 g de lait concentré non sucré

1 citron vert

1 gousse de vanille

1/2 cuillère à café de cannelle moulue

6 jaunes d'œufs

150 g de sucre semoule

100 g de cassonade

Ustensiles

moule à charlotte

plat à four pour bain-marie

1 **Le moule caramélisé.** Versez 150 g de sucre semoule et 3 cuillères à soupe d'eau dans une casserole à fond épais. Mélangez pour imprégner le sucre d'eau. Faites cuire à feu assez vif, jusqu'à l'obtention d'un caramel ambré. Versez-le dans un moule à charlotte, en l'inclinant pour chemiser la paroi. Réservez sur une grille.

2 **Le lait infusé.** Faites chauffer à feu doux 170 g de lait concentré non sucré. Retirez du feu aux premiers frémissements. Ajoutez 1 gousse de vanille fendue en deux dans la longueur. Couvrez la casserole et laissez infuser 5 min. Ôtez la vanille, grattez l'intérieur de la gousse et parfumez le lait avec les petits grains.

3 **La crème au coco.** Dans une jatte, fouettez 6 jaunes d'œufs avec 100 g de cassonade. Ajoutez-y le zeste de 1 citron vert finement râpé et 1/2 cuillère à café de cannelle moulue. Mélangez bien. Versez doucement le lait à la vanille, tout en remuant au fouet. Incorporez 20 cl de lait de coco et mélangez soigneusement.

4 **La cuisson.** Préchauffez le four à 180 °C (th. 6). Transvasez la préparation dans le moule caramélisé. Placez-le dans un plat à four creux contenant 1 cm d'eau. Glissez-le dans le four et faites cuire la crème pendant 45 min au bain-marie. Laissez-la refroidir et réfrigérez-la pendant 1 h. Démoulez dans un plat creux.

›Astuce

Mis à part le citron vert et les œufs, tous les ingrédients proviennent des réserves de votre placard. Une recette facile à improviser !

Préparation : 45 minutes | *Réfrigération : 1 heure* | *Cuisson : 45 minutes* | *Réalisation : facile* | *Coût : bon marché*

Onctueuse et très parfumée,
cette crème au lait de coco reflète la douceur
et le charme enivrant des Antilles !

› Dégustation

La crème au coco est meilleure lorsqu'elle est servie bien froide. Accompagnez-la de petits fours secs, de cigarettes russes ou de biscuits à la noix de coco. Pour souligner la fraîcheur de l'entremets, servez une citronnade à base de citron vert ou un cocktail de fruits exotiques.

Crème au whisky *et chocolat*

Ingrédients
(pour 6 personnes)

- 8 cl de whisky
- 50 g de chocolat noir haché
- 50 g d'amandes effilées
- 1 orange
- 1 citron
- 8 jaunes d'œufs
- 25 cl de lait
- 15 cl de crème fraîche épaisse
- 30 g de beurre
- 20 g de sucre glace
- 180 g de sucre roux
- 100 g de sucre en poudre

Ustensiles

- 6 petits moules à soufflés

1 **La préparation des moules.** Placez 6 petits moules à soufflé au réfrigérateur pendant 30 min. Faites fondre 30 g de beurre au four à micro-ondes. À l'aide d'un pinceau, beurrez les moules soigneusement. Versez 30 g de sucre roux dans un moule et recouvrez-en les parois. Répétez l'opération pour les autres moules.

2 **L'infusion.** Avec un économe, prélevez trois lamelles de zeste d'orange et deux lamelles de zeste de citron. Dans une casserole, faites chauffer 25 cl de lait, 15 cl de crème, 8 cl de whisky et les zestes d'agrumes. Réchauffez le mélange et ôtez du feu aux premiers frémissements. Couvrez et laissez infuser 15 min.

3 **La cuisson des crèmes.** Dans un saladier, battez 8 jaunes d'œufs avec 100 g de sucre. Avec une passoire, filtrez l'infusion et éliminez les zestes. Laissez refroidir complètement, puis versez-la sur les jaunes, en fouettant jusqu'à ce que le mélange soit homogène. Remplissez les moules et faites cuire 35 min au bain-marie, dans le four réglé à 150 °C (th. 5).

4 **La finition.** Sortez les moules du four, laissez refroidir. Couvrez et laissez reposer 1 nuit au réfrigérateur. Avant de servir vos crèmes, faites dorer à feu doux dans une poêle 50 g d'amandes effilées et 20 g de sucre glace. Déposez les amandes encore chaudes sur les crèmes, saupoudrez-les de 50 g de chocolat noir et servez.

› Dégustation

Idéalement, placez les crèmes 30 min au congélateur avant de les servir : glacées, elles seront encore meilleures... Dégustez-les après un repas entre amis et accompagnez-les de cigarettes russes ou de macarons.

Préparation : 20 minutes | Réfrigération : 1 nuit | Cuisson : 35 minutes | Réalisation : facile | Coût : assez cher

Le whisky peut aussi être un ingrédient de choix pour la pâtisserie. La preuve, ces petites crèmes délicates à servir très froides.

› Astuce

Pour l'infusion, ne laissez pas bouillir le lait et les zestes.
Un léger frémissement suffit.
Respectez bien la cuisson au bain-marie ; c'est grâce à elle que les crèmes prennent leur délicieuse texture moelleuse.

Île flottante *orange-pain d'épice*

Ingrédients
(pour 4 personnes)

- 50 g de pain d'épice
- 1 orange
- 50 g d'amandes effilées
- 4 gros œufs
- 40 cl de lait
- 115 g de sucre en poudre
- 15 g de beurre pour le moule
- 1 pincée de sel

Ustensile

- moule à charlotte de 18 cm de diamètre

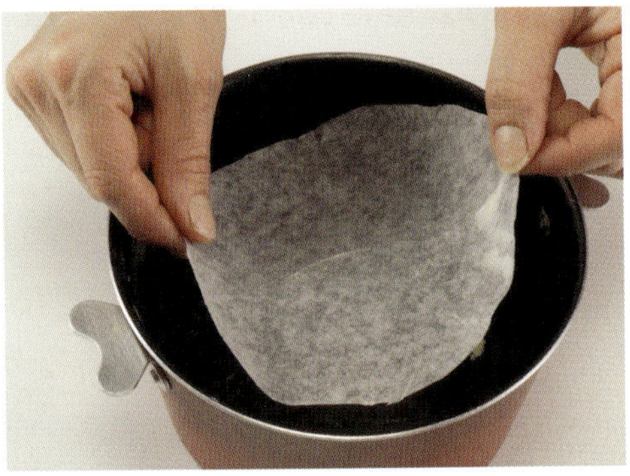

1 **Le moule.** Préchauffez le four à 160 °C, th. 5-6. Préparez un bain-marie. Beurrez le fond et la paroi d'un moule à charlotte. Couvrez le fond du moule d'un disque de papier sulfurisé également beurré. Séparez les blancs des jaunes de 4 œufs.

2 **L'île.** Ajoutez 1 pincée de sel aux blancs et battez-les en neige. Lorsqu'ils sont presque fermes, versez peu à peu 40 g de sucre en poudre. Continuez à fouetter. Râpez finement le zeste de 1 orange au-dessus.

3 **La cuisson.** Mélangez délicatement. Versez dans le moule, lissez la surface. Placez le moule dans un bain-marie à peine frémissant et faites cuire au four de 35 à 40 min. Laissez tiédir.

4 **La crème anglaise.** Portez 40 cl de lait à ébullition. Fouettez 4 jaunes d'œufs avec 75 g de sucre, jusqu'à ce que le mélange blanchisse. Ajoutez le lait chaud en remuant. Reversez le tout dans la casserole.

5 **Les amandes.** Faites cuire en remuant sans cesse avec une cuillère en bois. Retirez du feu avant le premier bouillon. Ajoutez 50 g de pain d'épice en morceaux, couvrez et laissez refroidir. Faites dorer 50 g d'amandes effilées à sec dans une poêle à revêtement antiadhésif.

6 **Les finitions.** Trempez une main dans l'eau froide et démoulez l'île sur votre main pour qu'elle ne colle pas. Posez-la dans un plat creux. Piquez la surface avec les amandes. Gardez-la au frais. Mixez la crème. Versez-la autour de l'île au moment de servir.

Préparation : 30 minutes | Refroidissement : 1 heure | Cuisson : 40 minutes | Réalisation : assez facile | Coût : bon marché

Cet entremets classique doit son côté aérien à l'île, véritable iceberg de blancs d'œufs flottant sur un océan de crème parfumée.

› Variante

Faites flotter votre île sur un coulis de fraises et de framboises : réduisez en purée 600 g de fruits, puis passez au tamis, ajoutez quelques gouttes de jus de citron et sucrez à votre goût.

Île flottante *aux truffes noires*

Ingrédients
(pour 4 personnes)

- 75 g de chocolat noir
- 1 bâton de cannelle
- 1/4 de cuillère à café d'épices à pâtisserie
- 5 œufs
- 25 cl de lait
- beurre pour le moule
- 135 g de sucre semoule + 2 cuillères à soupe
- 1 sachet de sucre vanillé
- 1 pincée de sel

Ustensile

- moule à charlotte

1 **Le moule chemisé.** À l'aide d'un grand couteau, hachez 75 g de chocolat noir. Beurrez le fond et la paroi d'un moule à charlotte. Saupoudrez-les de 2 cuillères à soupe de sucre, en inclinant le moule pour le chemiser.

2 **Les blancs en neige.** Montez 5 blancs d'œufs en neige avec 1 pincée de sel. Lorsqu'ils commencent à durcir, ajoutez 60 g de sucre et 1 sachet de sucre vanillé. Fouettez jusqu'à ce que les blancs d'œufs deviennent très fermes.

3 **Les blancs moulés.** Préchauffez le four à 180 °C (th. 6). À l'aide d'une spatule en caoutchouc, incorporez délicatement le chocolat râpé aux blancs en neige. Transvasez la préparation dans le moule à charlotte. Lissez la surface.

4 **La cuisson et le démoulage.** Posez le moule dans un bain-marie. Glissez le bain-marie dans le four et faites cuire pendant 35 à 40 min. Laissez refroidir entièrement puis démoulez l'île dans un plat creux. Réservez au réfrigérateur.

5 **La crème aux épices.** Faites infuser 1 bâton de cannelle dans 25 cl de lait chaud pendant 10 min. Dans une jatte, fouettez 5 jaunes d'œufs, 75 g de sucre et 1/4 de cuillère à café d'épices à pâtisserie. Réchauffez le lait et versez-le dans la jatte.

6 **La finition.** Transvasez le mélange dans une casserole. Faites cuire sur feu doux en remuant. Retirez du feu aux premiers frémissements. Laissez refroidir puis réfrigérez pendant 1 h. Versez la crème autour de l'île flottante.

Préparation : 1 heure | Réfrigération : 1 heure | Cuisson : 40 minutes | Réalisation : assez facile | Coût : bon marché

Une véritable île au trésor,
enrichie de pépites au chocolat...
Et sa crème anglaise épicée,
indispensable pour faire flotter l'île !

› Astuce

Lorsque vous moulez les blancs en neige, tassez-les légèrement à l'aide d'une spatule.
Tapotez le fond du moule sur le plan de travail, pour chasser l'air et éviter la formation de trous.

Œufs à la coque *au chocolat*

Ingrédients
(pour 4 personnes)

- 80 g de chocolat noir
- 1 pain d'épice
- 4 œufs extrafrais
- 10 cl de lait
- 2 cuillères à soupe de sucre en poudre
- sucre granulé ou poudre (décor)

1 **Les œufs.** Décalottez 1 œuf en vous aidant d'un coupe-œuf. Évidez-le dans un saladier en séparant le jaune du blanc et en évitant toute trace de coquille d'œuf. Réservez le blanc pour un autre usage (meringue, par exemple).

2 **La crème.** Rincez et égouttez soigneusement la coquille. Procédez de la même façon avec 3 autres œufs. Battez les jaunes avec 2 cuillères à soupe de sucre en poudre. Râpez finement 80 g de chocolat noir. Faites bouillir 10 cl de lait.

3 **La cuisson.** Versez le lait sur les jaunes d'œufs en mélangeant. Faites cuire 4 min sur feu très doux et en remuant jusqu'à épaississement. Ajoutez le chocolat et mélangez. Si besoin, remettez à feu doux 1 min pour le faire fondre.

4 **Les mouillettes.** Coupez 1 pain d'épice en tranches au couteau-scie. Faites griller les tranches dans un grille-pain ou, à défaut, sous le gril de votre four préchauffé. Découpez les tranches en bâtonnets qui feront office de mouillettes.

5 **Le sucre.** Conservez les mouillettes bien au chaud en les recouvrant d'une feuille d'aluminium ménager. Garnissez un plat ou les assiettes de service d'une couche de sucre afin de pouvoir y caler les œufs.

6 **Le service.** Remplissez chaque coquille de crème à l'aide d'une petite cuillère. Présentez les mouillettes de pain d'épice avec les œufs ou à part, superposées en pyramide. Servez avec des toutes petites cuillères.

Préparation : 35 minutes | *Repos : aucun* | *Cuisson : 5 minutes* | *Réalisation : délicate* | *Coût : bon marché*

Entre mignardise et dessert,
ces étonnantes coquilles sont emplies
d'une crème chocolatée que l'on déguste
sur des mouillettes croustillantes.

› Tour de main

Décalottez suffisamment la pointe des œufs de façon à pouvoir y passer facilement les mouillettes, un peu comme vous le feriez pour des œufs à la coque traditionnels.
On trouve dans le commerce des sucres fantaisie, de toutes les couleurs.
Utilisez-les pour mettre en valeur vos œufs de façon amusante.

Œufs *au lait vanillé*

Ingrédients
(pour 6 personnes)

- 75 cl de lait
- 1 gousse de vanille
- 8 jaunes d'œufs
- 150 g de sucre en poudre

Ustensiles

- 6 ramequins ou 6 petits pots

1 **Le lait.** Versez 75 cl de lait dans une casserole. Fendez 1 gousse de vanille avec un petit couteau pointu. Grattez la pulpe au-dessus du lait, ajoutez la gousse et portez doucement à ébullition. Fouettez 8 jaunes d'œufs avec 150 g de sucre jusqu'à ce que le mélange blanchisse. Versez doucement le lait dessus, en remuant à l'aide d'un fouet.

2 **La crème.** Filtrez le mélange d'œufs sucrés et de lait à travers une passoire fine. Transvasez-le ensuite dans 6 ramequins ou 6 petits pots à crème à l'aide d'une petite louche. Préchauffez le four à 200 °C, th. 7. Déposez les ramequins dans un plat allant au four. Versez de l'eau chaude mais non bouillante jusqu'à mi-hauteur.

3 **La cuisson.** Retirez avec une petite cuillère la mousse qui s'est formée à la surface des ramequins. Couvrez chaque ramequin d'aluminium ménager, en appliquant les bords tout autour du récipient. Avec précaution, glissez le plat dans le four chaud. Laissez cuire les œufs au lait pendant 25 min.

4 **Le refroidissement.** Vérifiez la cuisson des crèmes. Remuez un ramequin : la crème doit être tremblotante et la surface brillante. Sortez les ramequins du plat, laissez-les refroidir à température ambiante, puis conservez-les dans le réfrigérateur. Servez les œufs au lait frais, dans leur récipient de cuisson.

› Astuce

Pour une réussite parfaite, le lait frais entier s'impose.
Ou remplacez 10 cl de lait par la même quantité de crème fraîche.
Au lieu de vanille, faites infuser dans le lait un bâton de cannelle
ou quelques pistils de safran, ou parfumez le lait avec 1 cl d'extrait de café.

Préparation : 15 minutes | Réfrigération : 2 heures | Cuisson : 25 minutes | Réalisation : assez facile | Coût : bon marché

*Toute la douceur de l'enfance
dans ce savoureux classique servi comme autrefois
dans de ravissants pots de cuisson munis
d'anses et d'un couvercle.*

› Décoration

Utilisez de très jolis ramequins pour préparer et servir ces œufs au lait.
Si vous disposez d'élégants pots à crème de nos grands-mères, avec ou sans anses, vérifiez qu'ils sont en état et n'hésitez pas à les employer.
S'ils sont hauts, la cuisson demandera quelques minutes de plus.

Œufs *à la neige*

Ingrédients
(pour 4 personnes)

4 œufs

80 cl de lait

25 cl de crème fraîche liquide

30 g de sucre glace

185 g de sucre en poudre

1 sachet de sucre vanillé

1 pincée de sel

Ustensiles

4 coupes individuelles

1 **La préparation des blancs.** Cassez 4 œufs en séparant les blancs des jaunes. Mettez les blancs dans un grand récipient. Réservez les jaunes au frais. Ajoutez 1 pincée de sel aux blancs et fouettez-les. Lorsqu'ils commencent à monter, versez peu à peu 30 g de sucre glace, en continuant à battre jusqu'à ce que les blancs soient en neige très ferme.

2 **La cuisson des blancs.** Versez 40 cl de lait dans une sauteuse, ajoutez 80 cl d'eau. Portez à ébullition. Réduisez le feu. Façonnez les blancs en neige avec 2 grandes cuillères et plongez-les dans le liquide. Retournez-les lorsqu'ils sont bien gonflés et laissez-les cuire pendant environ 30 secondes. Retirez-les avec une écumoire.

3 **La cuisson de la crème.** Déposez les blancs sur du papier absorbant. Fouettez les jaunes d'œufs avec 60 g de sucre et 1 sachet de sucre vanillé. Portez 40 cl de lait et 25 cl de crème liquide à ébullition. Versez sur les jaunes, mélangez, reversez dans la casserole et faites cuire jusqu'à ce que la crème nappe la cuillère. Laissez refroidir.

4 **La préparation du caramel.** Laissez les blancs et la crème au moins 4 h au réfrigérateur. Au moment de servir, faites cuire 125 g de sucre avec 2 cuillères à soupe d'eau jusqu'au stade du caramel blond soutenu. Laissez tiédir quelques secondes. Répartissez la crème et les blancs dans des coupelles ou mettez-les dans un plat. Nappez les blancs de caramel.

›Tour de main

Les œufs gonflent mieux dans un mélange de lait et d'eau que s'ils sont pochés dans du lait pur. Le liquide doit seulement frémir lorsque vous y plongez les blancs, par petites quantités à la fois pour qu'ils aient la place de gonfler.

Préparation + cuisson : 30 minutes | Réfrigération : 4 heures minimum | Réalisation : facile | Coût : bon marché

Un dessert léger
qui remporte toujours un vif succès.
Il devient très élégant s'il est servi
dans des coupelles individuelles.

› Astuce

Ne laissez pas bouillir la crème anglaise qui tournerait.
Le caramel chaud va durcir très vite au contact des œufs très froids.
Servez sans attendre.Au lieu de napper les œufs de caramel,
parsemez-les de pralines roses concassées.

Petits pots de crème *au safran*

Ingrédients
(pour 8 personnes)

- 2 doses de safran en poudre
- 1/2 gousse de vanille
- 8 jaunes d'œufs
- 75 cl de lait
- 150 g de cassonade
- 2 cuillères à café de sucre coloré

Ustensiles

- 8 petits ramequins en porcelaine culinaire ou en pyrex

1 **Le lait aromatisé.** Versez 75 cl de lait dans une casserole. Ajoutez 1 dose de safran en poudre et 1/2 gousse de vanille fendue en deux dans la longueur. Faites chauffer à feu doux. Lorsque le lait commence à fumer, retirez-le du feu. Placez un couvercle sur la casserole et laissez infuser jusqu'au refroidissement.

2 **Les graines de vanille.** Ôtez la vanille de la casserole. Recueillez les graines parfumées avec la pointe d'un couteau, en grattant l'intérieur de la gousse. Ajoutez-les au lait et faites-le réchauffer à feu doux. Dans une jatte, mélangez 8 jaunes d'œufs avec 150 g de cassonade à l'aide d'un fouet à main. Versez-y le lait bouillant. Fouettez vivement.

3 **La cuisson.** Préchauffez le four à 180 °C (th. 6). Répartissez la préparation dans 8 petits ramequins. Posez-les sur une plaque creuse contenant 1 cm d'eau. Faites-les cuire 30 min au four. Recouvrez-les d'une feuille d'aluminium ménager et poursuivez la cuisson pendant 30 min. Laissez refroidir les crèmes à température ambiante.

4 **La finition.** Lorsque les crèmes sont froides, recouvrez-les de film alimentaire et placez-les au réfrigérateur pendant au moins 2 h. Au dernier moment, saupoudrez-les de 2 cuillères à café de sucre coloré. Répartissez 1 dose de safran en poudre dans les ramequins. Servez la crème telle quelle, dans les petits pots, sans démouler.

›Astuce

Vérifiez la cuisson de la crème en plongeant la lame d'un couteau au centre : la lame doit ressortir propre et l'ouverture pratiquée doit se refermer aussitôt. Une fois prise, la crème reste légèrement tremblotante.

Préparation : 30 minutes | Réfrigération : 2 heures | Cuisson : 1 heure | Réalisation : facile | Coût : assez cher

Délicatement épicées,
ces petites crèmes ne se démoulent pas.
Très rafraîchissantes, elles sont faciles à préparer,
quelle que soit la saison.

› Dégustation

Le safran apporte une touche d'exotisme à ces petites crèmes aux œufs et au lait, cuites en ramequins. Une recette traditionnelle revisitée avec simplicité et un brin d'originalité ! Mettez les blancs d'œufs de côté pour confectionner de fines meringues ou « doigts de fée », que vous servirez avec les crèmes.

Pots de crème à la vanille, *toasts au chocolat*

Ingrédients
(pour 8 personnes)

- 60 g de chocolat
- 4 tranches de pain
- 1 gousse de vanille
- 8 jaunes d'œufs
- 70 cl de lait
- 30 cl de crème fraîche liquide
- beurre pour les tartines
- 190 g de sucre en poudre

Ustensiles

- 8 petits pots

1 **Le lait vanillé.** Versez 70 cl de lait et 30 cl de crème liquide dans une casserole. Fendez une gousse de vanille en deux dans le sens de la longueur et grattez-la au-dessus de la casserole. Portez à ébullition et retirez du feu. Couvrez et laissez infuser 10 min pour que la vanille diffuse tout son parfum.

2 **La crème.** Mettez 8 jaunes d'œufs dans un saladier. Versez doucement dessus 190 g de sucre en poudre tout en mélangeant à l'aide d'un fouet. Portez le lait de nouveau à ébullition. Continuez à mélanger les jaunes au fouet (mais sans fouetter) en versant le lait chaud. Répartissez dans 8 petits pots.

3 **La cuisson.** Placez les pots dans un plat creux allant au four à moitié rempli d'eau chaude. Faites cuire dans le four préchauffé à 180 °C (th. 6) pendant 25 à 30 min : la crème doit être tremblotante et la surface brillante. Retirez du four, puis du bain-marie et essuyez l'extérieur des pots.

4 **Les tartines.** Laissez les petits pots refroidir et placez-les au réfrigérateur (1 h au minimum). Faites griller 4 tranches de pain épaisses. Beurrez-les et parsemez-les de 60 g de chocolat râpé. Passez sous le gril 2 à 3 min afin de faire fondre le chocolat. Servez aussitôt avec les pots de crème vanille.

›Variante

Parfumez la crème avec 5 g de café lyophilisé ou 2 cuillères à soupe de caramel liquide (dans ce cas, réduisez la quantité de sucre de 40 g). Remplacez les toasts par des tranches de brioche un peu rassises.

Préparation : 35 minutes | Réfrigération : 1 heure | Cuisson : 35 minutes | Réalisation : facile | Coût : assez cher

Retrouvez le plaisir de vos goûters d'enfance
avec ces tartines chocolatées
qui accompagnent
des crèmes délicieusement vanillées.

› Astuce

Pour une texture homogène, filtrez la crème avant de la répartir dans les ramequins. De même, ôtez la mousse qui se forme à la surface. Ces pots à la crème ne se démoulent en aucun cas.

Perles du Japon *au lait de coco*

Ingrédients
(pour 4 personnes)

200 g de perles du Japon

300 g de fraises

30 cl de lait de coco

100 g de sucre en poudre

noix de coco en poudre (décor)

10 feuilles de menthe (décor)

Ustensiles

4 coupes individuelles

1 **LA CUISSON DES PERLES DU JAPON.** Portez à ébullition une casserole d'eau. Jetez 200 g de perles du Japon en pluie tout en fouettant pour éviter quelles ne collent entre elles. Lorsque l'ébullition reprend, diminuez l'intensité du feu et laissez cuire pendant 8 min. Versez dans une passoire, refroidissez à l'eau courante et égouttez.

2 **LE SIROP DE SUCRE.** Dans une petite casserole, versez 100 g de sucre en poudre et 15 cl d'eau froide. Faites chauffer à feu modéré tout en remuant avec le fouet pour éviter que le sucre ne brûle au fond de la casserole. Portez à ébullition puis sortez aussitôt du feu. Versez le sirop de sucre dans un bol et laissez-le refroidir.

3 **LA PRÉPARATION DES FRAISES.** Placez 300 g de fraises dans un saladier rempli d'eau froide et lavez-les délicatement pour éliminer sable et impuretés. Avec un petit couteau, équeutez-les puis coupez-les toutes en petits dés de la taille d'un grain de maïs, approximativement. Rincez et coupez 10 feuilles de menthe en fines lanières.

4 **LA PRÉSENTATION.** Dans chaque bol, répartissez les perles du Japon. Ajoutez le sirop de sucre refroidi, environ 3 cuil. à soupe par personne. Déposez ensuite les fraises coupées en dés et lissez bien la surface. Répartissez 30 cl de lait de coco entre les coupes. Décorez avec la menthe hachée et la noix de coco en poudre.

›Astuce

Faites cuire les perles du Japon dans une très grande quantité d'eau, sinon elles risquent de coller entre elles.
Évitez de servir ce dessert trop froid car le lait de coco fige en dessous d'une certaine température.

Préparation : 25 minutes | Repos : 30 minutes | Cuisson : 8 minutes | Réalisation : assez facile | Coût : bon marché

Servies dans une délicieuse crème au lait de coco, les petites perles du Japon sont merveilleusement surprenantes. Étonnez vos amis !

› Variante

Vous pouvez agrémenter vos perles du Japon en y ajoutant quelques fruits confits ou une poignée d'amandes effilées grillées. N'hésitez pas à parfumer cette recette avec quelques cuillerées à soupe de rhum, de calvados ou de Grand-Marnier. Choisissez les perles du Japons de petit diamètre. Ce sont les plus délicates.

Soupe de chocolat *aux fruits frais*

Ingrédients
(pour 4 personnes)

- 170 g de chocolat noir
- 15 g de cacao en poudre
- 6 tranches de brioche rassise
- 10 cl de muscat
- 2 bananes
- 2 nectarines
- 1 citron
- 3 oranges
- 1/2 gousse de vanille
- 2 cuillères à café de cannelle en poudre
- 60 g de beurre
- 20 cl de crème fraîche liquide très froide
- 40 g de sucre en poudre
- 30 g de sucre glace

Ustensiles

- 4 coupes de service

1 **La soupe de chocolat.** Coupez en morceaux 170 g de chocolat noir. Mettez-les dans une casserole. Ajoutez 40 g de sucre en poudre, 15 g de cacao, 30 g de beurre et 40 cl d'eau. Grattez au-dessus 1/2 gousse de vanille fendue. Mettez aussi la gousse dans la casserole. Portez doucement à ébullition. Faites refroidir.

2 **La chantilly.** Pressez 3 oranges et filtrez le jus. Incorporez-le au chocolat refroidi avec 10 cl de vin muscat et mettez la préparation au réfrigérateur. Fouettez en chantilly 20 cl de crème liquide très froide en y incorporant à la fin 30 g de sucre glace. Réservez au réfrigérateur.

3 **La garniture.** Coupez en petits dés 6 tranches de brioche rassise. Dénoyautez 2 nectarines. Coupez-les en cubes, réservez dans un bol au réfrigérateur. Épluchez et coupez 2 bananes en cubes. Citronnez-les aussitôt. Faites frire la brioche dans 30 g de beurre. Saupoudrez de 2 cuillères à café de cannelle en poudre.

4 **Le service.** Ajoutez 2 glaçons dans la soupe au chocolat. Répartissez la banane et la nectarine dans 4 coupes de service. Émulsionnez la soupe avec un mixer plongeant. Répartissez dans les coupes. Recouvrez de chantilly (à l'aide d'une poche à douille ou en façonnant des quenelles à la cuillère). Parsemez de croûtons et servez.

›Astuce

Au lieu des glaçons, mélangez la soupe avec de la glace pilée et remuez dans un shaker avant de verser dans les coupes. Inutile en ce cas de passer au mixer.

Fraîcheur du fruit et petits croûtons tout chauds s'unissent dans des volutes de chantilly légère et onctueuse ! Pour fondre de plaisir, tout simplement.

›Variante

Des croûtons de pain de campagne conviennent aussi parfaitement : en ce cas, saupoudrez-les légèrement de sucre mêlé à de la cannelle. Remplacez la cannelle par de l'anis en poudre.

Entremets, bavarois, charlottes, soufflés

Bavarois *à la banane*

Ingrédients
(pour 6 à 8 personnes)

- 50 g de copeaux de chocolat noir
- 2 bananes
- 1 cuillère à soupe de rhum
- 1 cuillère à café d'extrait de vanille
- 2 feuilles de gélatine
- 3 œufs
- 20 cl de crème fraîche liquide
- beurre pour la plaque
- 200 g de sucre semoule
- 60 g de farine
- 60 g de fécule de pomme de terre
- 1 cuillère à soupe de levure chimique
- 1 pincée de sel

Ustensile

- moule à fond amovible de 18 cm de diamètre

1 **La pâte à biscuit.** Fouettez 3 jaunes d'œufs avec 3 cuillères à soupe d'eau chaude. Lorsque le mélange devient mousseux, ajoutez 100 g de sucre et fouettez 5 min. Montez 3 blancs d'œufs en neige ferme avec 1 pincée de sel.

2 **La finition.** À l'aide d'une spatule, mélangez les blancs d'œufs avec les jaunes et le sucre. Incorporez délicatement 60 g de farine, 60 g de fécule et 1 cuillère à soupe de levure chimique. Préchauffez le four à 200 °C (th. 6-7).

3 **La cuisson et le sirop.** Étalez la préparation dans une plaque à pâtisserie beurrée. Faites cuire au four pendant 12 min. Démoulez le biscuit. Faites bouillir 100 g de sucre et 10 cl d'eau. Hors du feu, ajoutez 1 cuillère à soupe de rhum.

4 **Les disques en biscuit.** Découpez 2 disques de 18 cm de diamètre dans le biscuit. Installez l'un d'eux au fond d'un moule du même diamètre. Badigeonnez-le de sirop à l'aide d'un pinceau. Parsemez de 25 g de copeaux de chocolat.

5 **La purée de banane.** Badigeonnez le second disque de sirop. Incorporez 2 feuilles de gélatine dans le reste du sirop. Au mixer, broyez 2 bananes en purée. Parfumez avec 1 cuillère à café d'extrait de vanille. Mélangez la purée au sirop.

6 **Le montage du bavarois.** Montez 20 cl de crème liquide en chantilly. Mélangez-la à la purée de banane. Versez la mousse obtenue dans le moule. Recouvrez avec le biscuit. Parsemez de 25 g de copeaux de chocolat. Réfrigérez 24 h.

Préparation : 1 heure 15 | Réfrigération : 24 heures | Cuisson : 12 minutes | Réalisation : assez facile | Coût : bon marché

Une mousse créole à la banane,
prise entre deux disques de biscuit léger. Un bavarois exotique,
agrémenté de copeaux de chocolat !

› Astuce

Après avoir découpé le biscuit, ne jetez pas les chutes : utilisez-les pour un trifle, une charlotte ou une zuppa inglese. Recouvrez le bavarois de film alimentaire soigneusement tendu. Placez-le au réfrigérateur jusqu'au lendemain.

Bavarois *au café*

Ingrédients
(pour 4 personnes)

- 1 cuillère à soupe d'extrait de café
- 2 cuillères à soupe de liqueur de café
- 3 feuilles de gélatine
- 3 jaunes d'œufs
- 25 cl de lait
- 25 cl de crème fleurette
- 75 g de sucre en poudre
- grains de café en sucre ou en chocolat (décor)
- huile pour le moule

1 **Le mélange œufs-sucre.** Faites tremper 3 feuilles de gélatine dans un bol d'eau froide. Délayez 1 cuillère à soupe d'extrait de café avec 2 cuillères à soupe de liqueur de café bouillante. Fouettez 3 jaunes d'œufs avec 75 g de sucre.

2 **La cuisson de la crème.** Arrosez les jaunes d'œufs sucrés avec 25 cl de lait bouillant, en remuant. Versez le tout dans une casserole. Faites cuire à feu doux en remuant avec une cuillère en bois, jusqu'à ce que la crème nappe la cuillère.

3 **L'ajout du parfum.** Retirez la casserole du feu. Incorporez l'extrait de café. Égouttez la gélatine avec les doigts, essorez-la, ajoutez-la et mélangez soigneusement. Filtrez la crème dans une passoire fine, laissez-la refroidir.

4 **La crème fouettée.** Fouettez 25 cl de crème fleurette avec un batteur électrique jusqu'à ce qu'elle ait doublé de volume et soit ferme. Incorporez la crème fouettée à la crème au café froide, à l'aide d'une spatule, sans battre.

5 **La finition du bavarois.** Huilez un moule décor à l'aide d'un pinceau, avec une huile neutre. Versez la préparation dans le moule. Mettez le moule dans le réfrigérateur et laissez durcir le bavarois pendant au moins 6 h.

6 **Le démoulage.** Au moment de servir, trempez le moule 10 secondes dans de l'eau chaude. Placez un plat sur le bavarois, tenez le moule et le plat et retournez le tout. Ôtez le moule. Décorez de grains de café.

Préparation : 15 minutes | *Réfrigération : 6 heures* | *Cuisson : 10 minutes* | *Réalisation : assez facile* | *Coût : bon marché*

Un entremets à l'ancienne agréablement parfumé au café, qui offre une texture moelleuse. Parfait pour clore un repas de fête.

› Astuce

Mettez la crème fleurette dans le congélateur 15 min avant de la fouetter pour qu'elle soit bien froide : elle montera mieux et plus
Pour incorporer la crème fouettée, soulevez la préparation avec une spatule, de bas en haut, tout en faisant tourner doucement le récipient de l'autre main.

Bavarois *au caramel*

Ingrédients
(pour 4 personnes)

4 feuilles de gélatine

20 cl de crème fleurette très froide

30 cl de lait entier

3 jaunes d'œufs

100 g de sucre en poudre + 3 cuillères à soupe

3 gouttes de jus de citron

Ustensile

moule à décor

1 **Le caramel.** Faites tremper 4 feuilles de gélatine dans de l'eau froide. Mettez 100 g de sucre dans une casserole à fond épais avec 3 cuillères à soupe d'eau. Laissez fondre à feu moyen, portez à ébullition et ajoutez 3 gouttes de jus de citron. Laissez cuire le sucre jusqu'à ce qu'il ait une belle couleur ambrée.

2 **La crème.** Éteignez le caramel en y versant 3 cuillères à soupe d'eau froide, remettez-le sur le feu et remuez jusqu'à ce qu'il soit bien liquide. Faites chauffer 30 cl de lait. Fouettez 3 jaunes d'œufs avec 3 cuillères à soupe de sucre jusqu'à ce que le mélange blanchisse et mousse. Versez le lait par-dessus en remuant.

3 **La cuisson.** Reversez la crème dans la casserole et faites cuire jusqu'à ce qu'elle nappe la cuillère, en évitant l'ébullition. Ajoutez le caramel en remuant avec un fouet à main. Égouttez la gélatine entre vos doigts et incorporez-la à la crème chaude. Filtrez dans une passoire fine et laissez refroidir.

4 **La finition.** Fouettez 20 cl de crème fleurette jusqu'à ce qu'elle soit ferme. Incorporez-la délicatement à la crème froide. Transvasez le tout dans un moule à décor. Laissez prendre 12 h au réfrigérateur. Pour servir, trempez le moule 10 secondes dans de l'eau chaude et retournez-le sur un plat.

› Astuce

Pour un démoulage facile, utilisez un moule à charlotte en plastique dont le fond et le dessus sont pourvus d'un couvercle : en ôtant le petit couvercle du fond, l'appel d'air fera descendre le bavarois.

Préparation : 25 minutes | *Réfrigération : 12 heures* | *Cuisson : 25 minutes* | *Réalisation : assez facile* | *Coût : assez cher*

Sous une présentation sophistiquée se cache un dessert à l'ancienne, crémeux et parfumé. La saveur du caramel ajoute son charme à ce bavarois aérien.

›Variante

Le bavarois peut être présenté nature, mais vous pouvez le garnir de quelques framboises, d'une grappe de groseille givrée ou encore de quelques pralines. Et vous pouvez le parfumer plus intensément en y ajoutant 2 cuilllères à soupe de rhum. Un loupiac ou un quarts-de-chaume s'harmoniseront avec le côté très crémeux de cet entremets.

Bavarois au praliné, *sauce au chocola*

Ingrédients
(pour 6 à 8 personnes)

- 20 g de cacao amer
- 100 g de pralin en poudre
- 5 feuilles de gélatine
- 4 jaunes d'œufs
- 30 cl de lait
- 45 cl de crème fraîche liquide
- 60 g de beurre
- 240 g de sucre semoule

Ustensile

- moule à charlotte

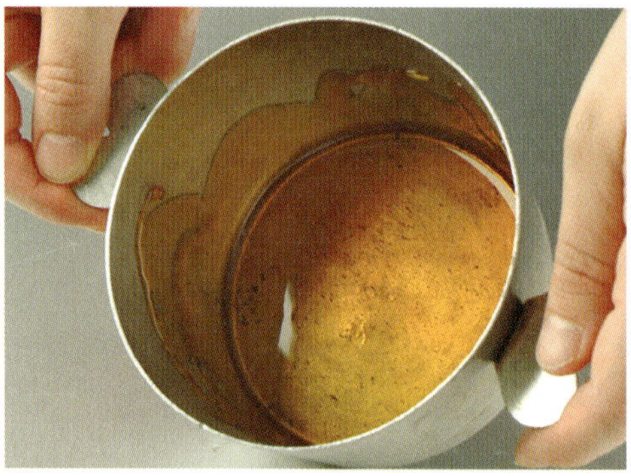

1 **Le moule caramélisé.** Versez 80 g de sucre semoule et 2 cuillères à soupe d'eau dans une casserole. Faites cuire à feu moyen jusqu'à l'obtention d'un caramel ambré. Transvasez-le dans un moule à charlotte, en l'inclinant pour chemiser le fond et la paroi. Laissez refroidir. Faites chauffer 30 cl de lait à feu doux dans une casserole.

2 **La crème anglaise.** Dans une jatte, fouettez 4 jaunes d'œufs et 60 g de sucre semoule. Lorsque le mélange blanchit, versez-y le lait bouillant. Fouettez vivement et transvasez la préparation dans la casserole. Faites cuire à feu doux sans cesser de remuer. Retirez du feu dès que la crème nappe la cuillère en bois.

3 **Le bavarois.** Incorporez aussitôt à la crème 5 feuilles de gélatine ramollies dans de l'eau froide. Ajoutez 100 g de pralin en poudre. Mélangez et laissez refroidir. Montez 25 cl de crème fraîche liquide en chantilly. Incorporez-la à la crème au pralin. Transvasez la préparation dans le moule caramélisé.
Réfrigérez pendant 24 h.

4 **La sauce au chocolat.** Faites fondre 60 g de beurre dans une casserole. Ajoutez 100 g de sucre, 20 g de cacao amer et 10 cl de crème liquide. Portez à ébullition et laissez mijoter 5 min à feu très doux. Laissez refroidir puis incorporez 10 cl de crème liquide en fouettant. Démoulez le bavarois et servez-le avec la sauce au chocolat.

› Dégustation

Pour souligner l'accord subtil du praliné et du chocolat, proposez un vin doux naturel aux notes d'amandes et de noisettes caramélisées (maury ou rasteau).
Et pour changer, confectionnez le bavarois dans des moules individuels.

*Nappé de caramel, ce bavarois
vous surprendra par sa légèreté.
La sauce d'accompagnement au chocolat
exalte la saveur du praliné !*

›Astuce

La crème anglaise ne doit surtout pas bouillir. Tamisez le cacao amer à l'aide d'une passoire fine. Pour démouler le bavarois, faites-le tremper quelques instants dans de l'eau chaude.Juste avant de servir, filtrez la sauce au chocolat au chinois. Versez-la dans une saucière.

Bavarois *aux trois parfums*

Ingrédients
(pour 8 personnes)

- 2 oranges
- 125 g de framboises
- 100 g de groseilles rouges
- 250 g d'abricots
- 1 cuillère à soupe de kirsch
- 7 feuilles de gélatine
- 5 jaunes d'œufs
- 30 cl de lait
- 25 cl de crème fraîche liquide
- 150 g de sucre en poudre

Ustensile

- moule côtelé de 1,5 litre

1 **La crème anglaise.** Faites tremper 5 feuilles de gélatine dans de l'eau froide. Mélangez 3 jaunes d'œufs et 100 g de sucre. Arrosez avec 20 cl de lait chaud, faites cuire la crème en remuant sans laisser bouillir. Ajoutez la gélatine essorée. Laissez refroidir.

2 **Le zeste d'orange.** Faites tremper 2 feuilles de gélatine. Râpez finement le zeste de 1 orange. Pressez 2 oranges, filtrez le jus. Faites chauffer 10 cl de lait et 20 cl de jus d'orange avec le zeste. Mélangez 2 jaunes d'œufs avec 50 g de sucre.

3 **La crème à l'orange.** Versez le liquide chaud sur les jaunes sucrés. Reversez dans la casserole et faites cuire sans laisser bouillir jusqu'à ce que la crème nappe la cuillère. Ajoutez la gélatine essorée et laissez refroidir.

4 **Les fruits rouges tamisés.** Mixez 125 g de framboises avec 100 g de groseilles rouges, puis passez au tamis. Dénoyautez 250 g d'abricots, passez-les au mixer. Incorporez la purée de fruits rouges à la moitié de la crème anglaise.

5 **L'ajout de la crème fouettée.** Incorporez la purée d'abricots et 1 cuillère à soupe de kirsch au reste de la crème. Fouettez 25 cl de crème liquide. Incorporez-en 1/3 à la crème rouge, 1/3 à la crème aux abricots et 1/3 à la crème à l'orange.

6 **Le montage du bavarois.** Mettez la crème à l'orange dans un moule, laissez 30 min au réfrigérateur. Versez ensuite la crème aux fruits rouges, laissez prendre 30 min, puis terminez par la crème aux abricots. Laissez 8 h au réfrigérateur.

Oranges, fruits rouges et abricots en couches successives pour un entremets léger et onctueux, à servir avec des tuiles aux amandes.

› Astuce

Si les différentes préparations ne vous semblent pas assez parfumées (tout dépend des fruits utilisés), relevez celle à l'orange avec quelques gouttes d'arôme d'orange, celle aux fruits rouges avec une cuillerée de liqueur à la framboise et augmentez la teneur en kirsch de celle à l'abricot.

Bavarois *aux quetsches*

Ingrédients
(pour 6 personnes)

- 500 g de quetsches
- 125 g de pain d'épice
- le zeste râpé de 1/2 orange
- 15 cl de jus d'orange
- 10 cl de porto
- 1 clou de girofle + 1 pincée
- 1/2 bâton de cannelle + 2 pincées
- 5 feuilles de gélatine
- 3 jaunes d'œufs + 1 blanc
- 20 cl de lait
- 15 cl de crème fraîche liquide
- 255 g de sucre en poudre

Ustensile

- moule à cake

1 **La cuisson des quetsches.** Lavez 500 g de quetsches, coupez-les en deux et dénoyautez-les. Versez 150 g de sucre dans une casserole avec 30 cl d'eau. Portez à ébullition, plongez les fruits dans ce sirop, laissez reprendre l'ébullition, puis réduisez le feu et laissez frémir pendant 3 min. Laissez refroidir complètement les fruits dans leur sirop.

2 **La préparation du sirop.** Faites tremper 2 feuilles de gélatine dans un bol d'eau froide. Portez à ébullition 15 cl de jus d'orange et 10 cl de porto avec 30 g de sucre, 1 clou de girofle et 1/2 bâton de cannelle. Ajoutez la gélatine. Couvrez. Laissez tiédir. Filtrez le sirop. Égouttez les quetsches et mélangez-les au sirop. Laissez refroidir.

3 **La confection de la crème anglaise.** Faites tremper 3 feuilles de gélatine dans de l'eau froide. Faites bouillir 20 cl de lait avec 1 pincée de girofle, 2 pincées de cannelle et le zeste râpé de 1/2 orange. Mélangez 3 jaunes d'œufs avec 75 g de sucre, arrosez avec le lait, faites cuire en remuant, sans bouillir. Ajoutez la gélatine. Laissez refroidir.

4 **Le montage du bavarois.** Mettez une couche de quetsches dans un moule. Laissez prendre. Mélangez 15 cl de crème fouettée avec 1 blanc en neige et la crème anglaise. Déposez-en la moitié sur les fruits, laissez prendre. Déposez le reste des fruits, laissez prendre, terminez avec la crème et 125 g de pain d'épice en tranches. Laissez 8 h au froid.

›Tour de main

À chaque fois que vous ajoutez une couche dans le moule, laissez-la prendre au réfrigérateur avant d'ajouter la suivante.
Comptez environ 30 min à chaque fois. Plus vous laisserez le bavarois au réfrigérateur, plus il sera ferme et homogène.

Préparation + cuisson : 30 minutes | Réfrigération : 9 heures 30 | Réalisation : assez facile | Coût : assez cher

Des quetsches prises dans une mousse parfumée à l'orange et rehaussée de pain d'épice : un dessert d'inspiration alsacienne.

›Astuce

Faites chauffer le sirop à l'orange à feu doux pour laisser les arômes se diffuser. Ne laissez pas bouillir la crème anglaise, retirez-la du feu dès qu'elle nappe la cuillère. Lorsque vous déposez une couche de quetsches, mettez un peu de jus avec pour qu'il prenne en gelée.

Bavarois *à la vanille*

Ingrédients
(pour 4 personnes)

- 6 fruits de la passion
- 1 gousse de vanille
- 3 feuilles de gélatine
- 3 jaunes d'œufs
- 25 cl de lait
- 15 cl de crème fraîche liquide
- 75 g de sucre en poudre
- 1 sachet de sucre vanillé

Ustensile

- moule décor de 50 cl

1 **L'infusion de vanille.** Versez 25 cl de lait dans une petite casserole. Fendez 1 gousse de vanille en deux et grattez-la au-dessus du lait. Ajoutez la gousse. Portez doucement à ébullition. Couvrez, puis laissez refroidir à température ambiante. Lorsque le lait est froid, laissez-le infuser pendant au moins 8 h au réfrigérateur.

2 **La cuisson de la crème anglaise.** Filtrez le lait et faites-le chauffer. Mettez à tremper 3 feuilles de gélatine dans un bol d'eau froide. Fouettez 3 jaunes d'œufs avec 75 g de sucre. Versez le lait dessus en mélangeant, puis faites cuire en remuant, sans laisser bouillir. Égouttez la gélatine et incorporez-la à la crème chaude. Laissez refroidir.

3 **L'ajout de la crème fouettée.** Fouettez 15 cl de crème fraîche liquide jusqu'à ce qu'elle soit bien ferme. Incorporez-la à la crème anglaise très froide. Versez la préparation dans un moule décor et laissez 6 h au réfrigérateur. Coupez 6 fruits de la passion en deux, évidez-les. Faites fondre à feu doux 1 sachet de sucre vanillé avec 1 cuillère à soupe d'eau.

4 **Le coulis de fruits.** Ajoutez la pulpe de fruits dans la casserole, remuez 20 secondes, puis filtrez dans une passoire fine en pressant avec une cuillère en bois. Gardez ce coulis au frais. Juste avant de servir, trempez le moule 10 secondes dans de l'eau chaude et retournez-le sur un plat. Servez avec le coulis à part.

›Variante

Choisissez du lait entier pour un bavarois très onctueux.
Préférez la crème liquide à 30 % de matières grasses.
Vérifiez sur le sachet de gélatine s'il s'agit de feuilles ou de demi-feuilles.
Dans ce dernier cas, utilisez-en 5.

Préparation + cuisson : 20 minutes | *Réfrigération : 6 heures* | *Infusion : 8 heures* | *Réalisation : assez facile* | *Coût : assez cher*

Un dessert élégant, onctueux et rafraîchissant,
parfumé à la vanille,
souligné d'un coulis de fruits de la passion.

›Astuce

Incorporez délicatement la crème fouettée en mélangeant de bas en haut avec une spatule, sans remuer ni battre pour ne pas chasser l'air. Attendez que la crème anglaise soit bien froide pour l'incorporer.

Blanc-manger coco, *coulis de kiwis*

Ingrédients
(pour 6 personnes)

- 125 g de noix de coco râpée
- 4 kiwis
- 1/2 orange
- 3 feuilles de gélatine
- 3 jaunes d'œufs
- 50 cl de lait
- 25 cl de crème fraîche liquide
- 130 g de sucre semoule
- 1 sachet de sucre vanillé

Ustensiles

- 6 moules à charlotte individuels

1 **Le lait de coco.** Versez dans une casserole 50 cl de lait, 125 g de noix de coco râpée et 1 sachet de sucre vanillé. Mélangez et portez doucement à ébullition. Retirez du feu, couvrez et laissez refroidir entièrement. Filtrez le lait de coco à l'aide d'une passoire fine, en pressant bien avec le dos de la cuillère en bois.

2 **La gélatine.** Dans une jatte, faites blanchir 3 jaunes d'œufs et 80 g de sucre semoule. Faites réchauffer le lait. Hors du feu, incorporez-y 3 feuilles de gélatine ramollies dans de l'eau froide et bien égouttées. Transvasez la préparation dans la jatte. Mélangez avec soin et réservez jusqu'à ce que le lait ait refroidi.

3 **La finition.** Dans un récipient très froid, montez 25 cl de crème fraîche liquide en chantilly bien ferme. À l'aide d'une spatule en caoutchouc, incorporez-la délicatement au contenu de la jatte. Répartissez la préparation dans 6 moules à charlotte individuels. Laissez prendre au réfrigérateur pendant au moins 6 h.

4 **Le coulis de kiwis.** Pressez 1/2 orange. Pelez 4 kiwis et coupez-les en morceaux. Broyez-les au mixer jusqu'à l'obtention d'un coulis. Ajoutez-y le jus d'orange et 50 g de sucre semoule. Broyez de nouveau quelques instants. Réservez au frais. Au dernier moment, démoulez les entremets sur des assiettes et servez-les avec le coulis.

›Astuce

Choisissez de préférence de petits moules à paroi cannelée. Au démoulage, le blanc-manger sera mis en valeur avec élégance. Au dernier moment, trempez les moules quelques instants dans de l'eau chaude, puis retournez-les d'un coup sec sur les assiettes.

Préparation : 1 heure | *Réfrigération : 6 heures* | *Cuisson : aucune* | *Réalisation : assez facile* | *Coût : assez cher*

Un dessert bien équilibré et peu calorique,
où la douceur de la noix de coco contraste agréablement
avec la fraîcheur acidulée du kiwi.

› Dégustation

Un entremets idéal à proposer après les fêtes, lorsqu'un besoin de desserts allégés se fait sentir ! Plus les kiwis seront mûrs, moins il sera utile de sucrer le coulis. Évitez les kiwis trop mous ou trop durs. À maturité, ce fruit possède un goût acidulé de pomme verte. Lorsqu'il est bien mûr, sa chair est plus fondante et plus sucrée.

Blanc-manger *aux poires et au chocolat*

Ingrédients
(pour 4 personnes)

- 60 g de chocolat noir
- 4 poires
- 125 g d'amandes en poudre
- 1/2 citron
- 1/2 gousse de vanille
- 3 feuilles de gélatine
- 50 cl de lait
- 20 cl de crème fraîche liquide
- 80 g de cassonade
- 150 g de sucre en poudre

Ustensiles

- 4 ramequins individuels

1 **Les poires pochées.** Pelez 4 poires, coupez-les en quatre. Mettez-les dans une casserole avec 150 g de sucre, 1/4 de gousse de vanille et le jus de 1/2 citron. Couvrez-les d'eau et pochez-les 10 min à petits frémissements. Laissez refroidir.

2 **Le lait d'amandes.** Versez 50 cl de lait dans une casserole. Ajoutez 1/4 de gousse de vanille, 80 g de cassonade et 125 g d'amandes. Portez à ébullition. Ôtez du feu et laissez infuser jusqu'au refroidissement complet.

3 **La gélatine.** Filtrez le lait d'amandes. Faites ramollir 3 feuilles de gélatine dans de l'eau froide. Prélevez 10 cl de lait d'amandes et faites-le réchauffer. Hors du feu, ajoutez une par une les feuilles de gélatine.

4 **La chantilly.** Versez la gélatine fondue dans le lait d'amandes. Mélangez au fouet. Montez 20 cl de crème liquide en chantilly. Incorporez-la au lait d'amandes. Répartissez la préparation dans 4 ramequins individuels.

5 **Le nappage.** Placez les ramequins au réfrigérateur pendant 4 h. Ôtez les poires du sirop de cuisson, coupez-les en lamelles. Versez le sirop dans une casserole et faites-le réduire sur feu vif jusqu'à l'obtention d'un nappage épais.

6 **La finition.** Démoulez les entremets sur 4 assiettes. Disposez les lamelles de poire en fleur et nappez-les de sirop réduit. À l'aide d'un économe, râpez 60 g de chocolat noir. Parsemez les blancs-mangers de copeaux en chocolat.

Préparation : 1 heure | *Réfrigération : 4 heures* | *Cuisson : 25 minutes* | *Réalisation : assez facile* | *Coût : bon marché*

Une crème aux amandes entourée de lamelles de poire et parsemée de fins copeaux de chocolat noir. Un dessert d'une grande délicatesse !

›Tour de main

Démoulez les blancs-mangers en passant la lame d'un couteau le long de la paroi des moules, puis plongez-les quelques instants dans de l'eau chaude.

Bûche noire *au cœur tendre*

Ingrédients
(pour 4 à 6 personnes)

- 150 g de chocolat noir
- 80 g de chocolat blanc
- 1 bocal de griottines
- 6 biscuits à la cuiller
- 2 cuillères à soupe de mascarpone
- 1 feuille de gélatine
- 2 œufs + 1 blanc
- 80 g de beurre ramolli
- 1 pincée de sel

Ustensile

- moule à cake de 15 cm

1 **L'AJOUT DU BEURRE.** Faites fondre 150 g de chocolat noir en morceaux au-dessus d'une casserole d'eau chaude. Cassez 2 œufs en séparant le blanc du jaune. Lissez le chocolat fondu et ajoutez les 2 jaunes. Incorporez 80 g de beurre en dés.

2 **LA PRÉPARATION DU MOULE.** Ajoutez 1 pincée de sel aux 2 blancs d'œufs et battez-les en neige ferme. Incorporez-les délicatement au chocolat. Ajoutez 20 griottines. Tapissez un moule à cake de 15 cm de long de film alimentaire.

3 **LA FORMATION DE LA CAVITÉ.** Versez la mousse dans le moule. Enfoncez au centre un cylindre, horizontalement et réfrigérez 2 h. Faites tremper 1 feuille de gélatine dans de l'eau froide. Mettez 80 g de chocolat blanc haché dans une jatte.

4 **LE MÉLANGE CHOCOLAT-MASCARPONE.** Ajoutez 2 cuillères à soupe de mascarpone au chocolat et laissez fondre le tout au bain-marie. À l'aide d'une cuillère, mélangez le chocolat et le fromage. Incorporez la gélatine égouttée et retirez la jatte du feu.

5 **LA PRÉPARATION DES BISCUITS.** Battez 1 petit blanc d'œuf en neige ferme. Incorporez-le au chocolat blanc. Ôtez le cylindre et déposez la mousse blanche dans la cavité. Recoupez 6 biscuits à la cuiller à la largeur du moule, désépaississez-les.

6 **LA POSE DU SOCLE.** Trempez les biscuits dans 4 cuillères à soupe du sirop des griottines, posez-les sur l'entremets, face coupée vers le haut. Arrosez avec le reste du sirop s'il y en a. Rabattez le film et laissez 6 h au réfrigérateur.

*Une bûche en chocolat noir truffée de griottines,
dont le cœur est garni d'une mousse au chocolat blanc...
Un délice craquant !*

›Astuce

Si vous disposez d'un moule à cake plus long, ramenez la mousse au chocolat noir à l'aide du film jusqu'à 1 cm du haut du moule et bloquez l'extrémité avec un carton et une cale. Enveloppez le cylindre de film alimentaire avant de le poser dans la mousse.

Charlotte *à l'ananas*

Ingrédients
(pour 4 personnes)

- 1 petit ananas victoria
- 15 biscuits à la cuiller
- 3 cuillères à soupe de kirsch
- 2,5 feuilles de gélatine
- 2 pincées de vanille en poudre
- 2 jaunes d'œufs
- 20 cl de lait
- 15 cl de crème fraîche liquide
- 200 g de sucre en poudre

Ustensile

- cercle à flan de 18 cm de diamètre

1 **La préparation de l'ananas.** Pelez 1 ananas avec un grand couteau de cuisine, coupez-le en quatre de haut en bas, retirez le centre dur, ôtez tous les « yeux » avec la pointe d'un couteau économe, puis coupez la pulpe en lamelles fines. Faites bouillir 150 g de sucre avec 15 cl d'eau. Plongez-y les lamelles d'ananas, laissez bouillir 3 min.

2 **La préparation de la crème.** Égouttez l'ananas avec une écumoire, laissez-le refroidir, laissez également refroidir le sirop. Faites tremper 2 feuilles et demi de gélatine dans un bol d'eau froide. Faites bouillir 20 cl de lait. Fouettez 2 jaunes d'œufs avec 50 g de sucre. Ajoutez 2 pincées de vanille. Versez dessus le lait chaud, en fouettant.

3 **La finition de la crème.** Transvasez le mélange dans la casserole, faites cuire en remuant jusqu'à ce que la crème nappe la cuillère. Hors du feu, ajoutez la gélatine égouttée entre vos doigts, mélangez puis parfumez avec 1 cuillère à soupe de kirsch. Laissez refroidir. Incorporez les lamelles d'ananas et laissez prendre légèrement au réfrigérateur.

4 **Le montage de la charlotte.** Fouettez 15 cl de crème fraîche. Incorporez-la à la crème à l'ananas. Ajoutez 2 cuillères à soupe de kirsch au sirop. Coupez 15 biscuits à la cuillère, trempez-les dans le sirop et garnissez-en le tour d'un cercle à flan, face sucrée contre le cercle. Versez la préparation. Laissez prendre 6 h au moins au réfrigérateur.

›Tour de main

Pendant la cuisson, l'ananas doit être recouvert de sirop : si ce fruit ne cuit pas, l'enzyme qu'il contient empêchera l'action de la gélatine. La crème doit être bien froide avant d'être fouettée : laissez-la 15 min au congélateur, dans le récipient que vous utiliserez.

Préparation + cuisson : 30 minutes | *Réfrigération : 6 heures* | *Réalisation : assez facile* | *Coût : assez cher*

Une crème parfumée à l'ananas et au kirsch enserrée dans une ganse de biscuits à la cuiller : un joli et délicieux dessert.

›Astuce

Pour éviter les projections, utilisez un récipient assez étroit et assez haut, ou couvrez-le d'aluminium ménager au travers duquel vous ferez passer la tige des fouets. Coupez les biscuits bien droits à la hauteur du cercle et déposez-les dans le moule, côté arrondi au-dessus.

Charlotte anglaise *au cake*

Ingrédients
(pour 6 à 8 personnes)

- 200 g de chocolat noir
- 6 tranches de cake anglais
- 1 cuillère à café d'extrait de vanille
- 3 feuilles de gélatine
- 3 œufs + 4 jaunes
- 25 cl de lait
- 15 cl de crème fraîche liquide
- 60 g de beurre (+ pour le moule)
- 50 g de sucre semoule
- 12 cerises confites (décor)
- lamelles d'angélique confite (décor)

Ustensile

- moule à charlotte de 16 cm de diamètre

1 **La crème anglaise.** Faites bouillir 25 cl de lait et 1 cuilère à café d'extrait de vanille. À part, fouettez 4 jaunes d'œufs avec 50 g de sucre. Versez-y le lait. Faites cuire le mélange sur feu doux. Ôtez du feu avant l'ébullition.

2 **Le moule tapissé de cake.** Faites ramollir 3 feuilles de gélatine dans de l'eau froide et incorporez-les dans la crème anglaise. Laissez refroidir. Coupez 6 tranches de cake en deux et tapissez-en la paroi d'un moule à charlotte beurré.

3 **La mousse au chocolat.** Faites fondre 200 g de chocolat noir et 60 g de beurre au bain-marie. Hors du feu, ajoutez 3 jaunes d'œufs, mélangez bien. Incorporez 3 blancs d'œufs montés en neige ferme. Versez la mousse dans le moule.

4 **La chantilly.** Dans un récipient très froid, montez 15 cl de crème liquide en chantilly. Incorporez-la délicatement à la crème anglaise additionnée de gélatine, juste avant que la préparation ne commence à prendre.

5 **La finition de la charlotte.** Transvasez la crème dans le moule, sur la mousse au chocolat, en montant jusqu'au ras des tranches de cake. Placez la charlotte au réfrigérateur et laissez-la prendre jusqu'au lendemain (environ 12 h).

6 **Le démoulage.** Trempez le fond du moule quelques instants dans de l'eau chaude puis retournez la charlotte sur un plat. Décorez la surface de l'entremets avec une douzaine de cerises confites et quelques lamelles d'angélique.

Tapissée de tranches de cake,
cette charlotte vanille-chocolat
s'offre un petit air fantaisiste et chic...
délicieusement britannique !

› Astuce

Lorsque le chocolat a fondu et que le beurre est entièrement liquide, mélangez à la cuillère en bois jusqu'à l'obtention d'une ganache lisse. Pour faciliter le démoulage, beurrez largement le fond et la paroi du moule.

Charlotte au cassis, *poire au vin rouge*

Ingrédients
(pour 6 personnes)

- 400 g de cassis
- 1 belle poire
- 40 cl de vin rouge
- 24 boudoirs
- 2 feuilles de gélatine
- 25 cl de crème fraîche liquide
- 200 g de cassonade
- 40 g de sucre glace
- 1 sachet de sucre vanillé

Ustensile

- moule à charlotte de 1,5 litre

1 **La poire au vin rouge.** Épluchez 1 poire et coupez-la en lamelles. Faites bouillir 40 cl de vin rouge et 50 g de cassonade dans une casserole. Ajoutez les lamelles de poire et pochez-les 10 min. Retirez du feu et laissez refroidir entièrement.

2 **La purée de cassis.** Lavez et égrappez 400 g de cassis. Versez les grains dans une casserole avec 4 cuillères à soupe d'eau. Laissez frémir 10 min à couvert, jusqu'à ce que les baies aient éclaté et rendu du jus. Filtrez-les pour supprimer les petits grains.

3 **La gélatine.** Transvasez la purée de cassis dans la casserole. Ajoutez 150 g de cassonade et portez à ébullition en remuant. Hors du feu, incorporez 2 feuilles de gélatine ramollies dans de l'eau froide et bien égouttées.

4 **La mousse de cassis.** Montez 25 cl de crème liquide en chantilly. À mi-parcours, incorporez 40 g de sucre glace et 1 sachet de sucre vanillé. Mélangez la purée de cassis avec la chantilly, jusqu'à l'obtention d'une mousse.

5 **Le moule tapissé de boudoirs.** Égouttez les lamelles de poire. Trempez 24 boudoirs dans le vin sucré et tapissez-en la paroi et le fond d'un moule à charlotte de 1,5 litre. Emplissez le moule avec la moitié de la mousse.

6 **La finition.** Laissez prendre au réfrigérateur puis disposez les lamelles de poire sur la mousse. Recouvrez-les avec le reste de la mousse de cassis. Placez le moule au réfrigérateur pendant 24 h. Démoulez et servez.

Préparation : 1 heure 10 | Réfrigération : 24 heures | Cuisson : 20 minutes | Réalisation : assez facile | Coût : assez cher

Tapissée de boudoirs,
une mousse de cassis farcie
de lamelles de poire pochées dans du vin rouge.
Succulente symphonie fruitée !

› Astuce

Pour réussir la chantilly, utilisez de préférence de la crème fraîche liquide entière.
Versez-la dans un récipient et placez celui-ci au réfrigérateur,
ainsi que les branches du batteur électrique.
Laissez refroidir la purée de cassis avant d'y incorporer la chantilly.

Charlotte *créole*

Ingrédients
(pour 6 à 8 personnes)

- 150 g de chocolat noir
- 18 biscuits à la cuiller
- 4 petits-suisses
- 6 cuillères à soupe de café très fort
- 2 cuillères à café de rhum blanc
- 4 cuillères à soupe de sirop de sucre de canne
- 4 feuilles de gélatine
- 4 œufs
- 10 cl de crème fleurette
- 50 g de beurre
- 4 cuillères à soupe de sucre en poudre

Ustensile

- cercle à flan de 20 cm

1 **La préparation du chocolat.** Faites fondre 150 g de chocolat en morceaux avec 2 cuillères à soupe d'eau au-dessus d'un bain-marie. Mélangez le chocolat fondu. Ajoutez, hors du feu, 1 cuillère à café de rhum et 50 g de beurre en morceaux.

2 **La préparation des biscuits.** Cassez 2 œufs en séparant les blancs des jaunes. Ajoutez les jaunes au chocolat. Battez les blancs en neige, incorporez-les à la préparation et mettez au frais. Coupez 18 biscuits à la hauteur d'un cercle à flan.

3 **La pose des biscuits.** Mélangez 4 cuillères à soupe de sirop de canne avec 1 cuillère à soupe de café et 1 cuillère à café de rhum. Trempez-y les biscuits, rangez-les dans le cercle posé sur une assiette. Versez la mousse au chocolat. Laissez prendre au frais.

4 **L'incorporation de la gélatine.** Faites tremper 4 feuilles de gélatine dans de l'eau froide. Chauffez 5 cuillères à soupe de café. Essorez la gélatine avec vos doigts et faites-la fondre dans le café. Cassez 2 œufs et séparez les blancs des jaunes.

5 **La mousse au café.** Mélangez 4 petits-suisses avec les jaunes d'œufs, le café et 4 cuillères à soupe de sucre. Fouettez 10 cl de crème. Battez les blancs d'œufs en neige. Incorporez la crème fouettée et les blancs aux petits-suisses.

6 **La finition.** Trempez les chutes de biscuits dans le reste du sirop aromatisé et déposez-les sur la mousse au chocolat. Ajoutez ensuite la mousse au café, lissez la surface et laissez prendre pendant 8 h au réfrigérateur.

Préparation + cuisson : 45 minutes | *Réfrigération : 8 heures* | *Réalisation : assez facile* | *Coût : assez cher*

Deux mousses,
l'une au café, l'autre au chocolat,
mêlent leur délicate saveur
dans cette charlotte de fête.

›Astuce

Laissez refroidir le café avant de l'ajouter aux petits-suisses.
Incorporez doucement la crème fouettée et les blancs en neige,
en soulevant le mélange de bas en haut
et en tournant le récipient d'une main.

Charlotte *à la mangue*

Ingrédients
(pour 6 à 8 personnes)

- 1 belle mangue
- 2 oranges
- 2 citrons verts
- 10 gros biscuits à la cuiller
- 1 cuillère à soupe de rhum
- 5 feuilles de gélatine
- 20 cl de crème fraîche liquide
- 60 g de cassonade
- 1 sachet de sucre vanillé

Ustensile

- moule à charlotte de 1,5 litre

1 **Le moule chemisé.** Pressez 1 orange et 1 citron vert. Versez le jus dans une assiette creuse. Trempez-y un par un 10 gros biscuits à la cuiller. Tapissez-en la paroi d'un moule à charlotte de 1,5 litre. Réservez au réfrigérateur.

2 **La purée de mangue.** Épluchez 1 mangue. Ôtez le noyau, pesez la pulpe. Coupez-en 350 g en petits dés et réservez le reste. Au mixer, réduisez les dés de mangue en purée. Faites tremper 5 feuilles de gélatine dans de l'eau froide.

3 **La gélatine.** Pressez 1 orange et 1 citron vert. Faites bouillir le jus. Hors du feu, incorporez-y une par une les feuilles de gélatine bien égouttées. Incorporez le mélange à la purée de mangue, en remuant soigneusement.

4 **La mousse.** Ajoutez 60 g de cassonade. Mélangez bien. Montez 20 cl de crème fraîche liquide en chantilly avec 1 sachet de sucre vanillé. À l'aide d'une spatule en caoutchouc, incorporez-la à la purée de mangue.

5 **Le remplissage du moule.** Taillez le reste de la mangue en petits dés. Arrosez-les de 1 cuillère à soupe de rhum. Emplissez le moule à charlotte avec la moitié de la mousse. Ajoutez les dés de mangue. Recouvrez avec le reste de la mousse.

6 **La finition.** Placez le moule au réfrigérateur. Laissez prendre pendant 24 h. Au dernier moment, glissez la lame d'un couteau le long de la paroi, trempez le fond du moule dans de l'eau chaude puis démoulez la charlotte.

Préparation : 1 heure 15 | *Réfrigération : 24 heures* | *Cuisson : aucune* | *Réalisation : facile* | *Coût : assez cher*

Mousseuse et très fruitée, cette charlotte requiert assez peu d'ingrédients. Tout se concentre sur l'intense parfum de la mangue !

› Astuce

Faites chauffer le jus des agrumes dans une petite casserole ou au four à micro-ondes. Incorporez les feuilles de gélatine dans le liquide très chaud mais non brûlant. Après avoir empli le moule, recouvrez-le de film alimentaire bien tendu, de façon à ce que la mousse se trouve comprimée.

Charlotte *russe*

Ingrédients
(pour 6 personnes)

20-25 biscuits à la cuillère

1 gousse de vanille

4 cuillères à soupe d'alcool de fruit

2 feuilles de gélatine

4 jaunes d'œufs

50 cl de lait

25 cl de crème fleurette

250 g de sucre en poudre

2 cuillères à soupe de sucre vanillé

Ustensile

moule à charlotte d'environ 1,2 litre

1 **La préparation de la crème anglaise.** Faites tremper 2 feuilles de gélatine dans de l'eau froide. Fendez 1 gousse de vanille en deux et grattez l'intérieur de la gousse au-dessus de 50 cl de lait. Portez le lait à ébullition. Travaillez 4 jaunes d'œufs avec 100 g de sucre. Arrosez avec le lait chaud en remuant. Faites cuire à feu doux.

2 **La finition de la crème.** Retirez la casserole du feu lorsque la crème nappe la cuillère. Essorez la gélatine, ajoutez-la et mélangez. Filtrez la crème anglaise dans une passoire fine. Laissez-la refroidir. Fouettez 25 cl de crème jusqu'à ce qu'elle soit ferme, en y incorporant 2 cuillères à soupe de sucre vanillé. Mélangez avec la crème anglaise.

3 **La garniture du moule.** Faites fondre à feu doux 150 g de sucre avec 15 cl d'eau. Ajoutez 4 cuillères à soupe d'alcool de fruit. Laissez refroidir. Taillez 4 ou 6 demi-biscuits à la cuillère en biseau. Trempez-les dans le sirop et tapissez-en le fond d'un moule à charlotte, face sucrée contre le récipient, en les faisant se joindre au centre.

4 **La finition.** Trempez un à un environ 14-16 biscuits à la cuillère dans le sirop et tapissez-en la paroi d'un moule à charlotte, côté sucré contre le moule. Versez la crème dans le moule. Lissez la surface. Laissez 12 h au réfrigérateur. Trempez le moule 10 secondes dans de l'eau chaude et retournez-le sur un plat pour démouler la charlotte.

› Dégustation

Selon votre goût, utilisez un alcool de fruit pour parfumer le sirop: kirsch, poire, prune, framboise ou du Grand-Marnier, du cognac, du rhum, etc. La crème fleurette est une crème liquide qui monte très bien lorsqu'on la fouette.

Préparation + cuisson : 30 minutes | Réfrigération : 12 heures | Réalisation : assez facile | Coût : bon marché

Un entremets un peu oublié
mais simple et délicieux.
Vous pouvez le napper de caramel liquide
ou le servir avec un coulis de fruits.

Astuce

Remuez sans arrêt la crème pendant sa cuisson et ne la laissez surtout pas bouillir. Faites refroidir la crème anglaise en plongeant la casserole dans de l'eau froide, et remuez de temps en temps. Attendez qu'elle soit bien froide pour y incorporer la crème fouettée.

Clafoutis soufflé *aux abricots*

Ingrédients
(pour 4 personnes)

- 400 g d'abricots frais
- 200 g de fromage blanc
- 2 cuillères à soupe d'amandes en poudre
- 2 œufs
- 50 g de sucre en poudre
- 3 cuillères à soupe de sucre glace
- 50 g de farine
- 1 pincée de sel
- beurre pour les moules

Ustensiles

- 4 moules individuels

1 **Les abricots.** Rincez 400 g d'abricots frais. Ébouillantez-les 3 min. Égouttez-les à l'aide d'une écumoire. Laissez tiédir et pelez-les avec un petit couteau. Si la peau ne s'enlève pas facilement, prolongez la cuisson de quelques secondes. Coupez les fruits en deux, dénoyautez-les et détaillez la chair en petits dés.

2 **La pâte.** Cassez 2 œufs en séparant les jaunes des blancs. Réservez les blancs au frais. Battez légèrement les jaunes au fouet. Ajoutez 30 g de sucre en poudre et continuez à fouetter jusqu'à ce que le mélange blanchisse. Incorporez 50 g de farine, 2 cuillères à soupe d'amandes en poudre, 200 g de fromage blanc et 1 pincée de sel. Mélangez bien.

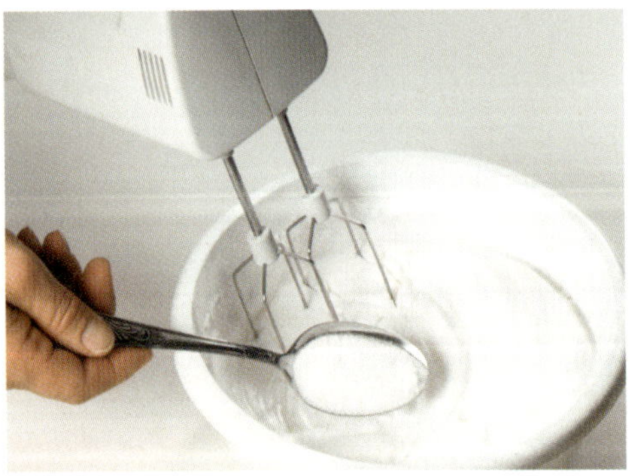

3 **Les blancs d'œufs.** Réservez quelques morceaux d'abricot et incorporez le reste des fruits à la pâte. Fouettez les blancs d'œufs en neige en incorporant 3 cuillères à soupe de sucre glace en fin de préparation. Beurrez 4 petits moules individuels et saupoudrez-les avec 20 g de sucre en poudre.

4 **Les finitions.** Mélangez délicatement les blancs d'œufs avec la pâte du clafoutis. Répartissez la pâte dans les moules. Posez au-dessus les fruits réservés. Faites cuire au four préchauffé à 180 °C (th. 6) pendant 20 min environ. Vérifiez la cuisson et sortez le clafoutis du four. Laissez tiédir et servez.

› Décoration

En fin de cuisson, pour un bel aspect, laissez tiédir et saupoudrez de sucre glace.
Décorez les clafoutis de fils de caramel (obtenus en plongeant une fourchette dans du caramel chaud).

Préparation : 55 minutes | *Repos : aucun* | *Cuisson : 20 minutes* | *Réalisation : assez facile* | *Coût : assez cher*

Dessert familial, le clafoutis devient très raffiné lorsqu'on y ajoute certaines subtilités, comme des blancs en neige qui vont délicatement souffler la pâte.

›Astuce

Ajoutez quelques pincées de levure dans la farine
pour obtenir une texture encore plus aérée,
mais veillez à ne remplir les moules qu'aux trois quarts
pour que la pâte ne déborde pas à la cuisson.

Diplomate *aux framboises*

Ingrédients
(pour 4 à 6 personnes)

- 350 g de confiture de framboises
- 125 g de framboises
- 25 biscuits roses de Reims
- 12 cl de liqueur à la framboise
- 4 feuilles de gélatine
- 1 jaune d'œuf
- 12 cl de lait
- 15 cl de crème liquide UHT très froide
- 25 g de sucre en poudre
- 20 g de farine

Ustensile

- moule à charlotte de 14-18 cm de diamètre

1 **La crème pâtissière.** Faites tremper 2 feuilles de gélatine dans de l'eau froide. Fouettez 1 jaune d'œuf avec 25 g de sucre en poudre. Incorporez 20 g de farine. Versez dessus 12 cl de lait bouillant en remuant. Versez dans une casserole et portez à ébullition en remuant. Retirez la crème du feu et incorporez la gélatine essorée.

2 **L'ajout de la crème fouettée.** Faites tremper 2 feuilles de gélatine dans un bol d'eau froide. Faites tiédir 350 g de confiture de framboises, ajoutez la gélatine essorée et mélangez bien. Laissez refroidir. Fouettez 15 cl de crème. Incorporez-la à la crème pâtissière froide. Mélangez 12 cl de liqueur à la framboise avec 4 cuillères à soupe d'eau.

3 **La préparation du moule.** Tapissez un moule à charlotte de 19 biscuits roses environ, côté sucré contre le moule, en les trempant au fur et à mesure dans le sirop à la framboise. Déposez une grosse couche de crème dans le moule et entreposez 30 min au réfrigérateur. Recouvrez avec la moitié de la confiture, puis 3 biscuits émiettés grossièrement.

4 **La finition.** Étalez le reste de la crème, puis le reste de la confiture. Couvrez avec 3 biscuits émiettés. Posez une soucoupe renversée sur le moule et laissez prendre au réfrigérateur pendant 6 h. Au moment de servir, retournez le moule sur un plat, démoulez le diplomate et garnissez le dessus avec 125 g de framboises.

› Dégustation

Achetez une confiture de framboises épépinée.
Les biscuits roses se marieront bien avec la couleur du diplomate.
En hiver, utilisez de la confiture de cerises noires et un sirop parfumé au kirsch.

Préparation : 1 heure | Réfrigération : 6 heures 30 | Cuisson : aucune | Réalisation : assez facile | Coût : assez cher

Une symphonie de rose et de rouge foncé pour ce diplomate à la crème légère relevée de confiture de framboises.

› Astuce

Pour la dernière couche de biscuits, vous pouvez couper ceux-ci en deux horizontalement plutôt que de les émietter grossièrement. Versez la liqueur à la framboise dans une assiette creuse pour y tremper les biscuits (face non sucrée).

Entremets *ardéchois*

Ingrédients
(pour 4 personnes)

- 200 g de chocolat noir
- 400 g de purée de marrons
- 1/2 cuillère à café de vanille pure en poudre
- 1 cuillère à soupe de cacao
- 3 œufs
- 10 cl de crème fraîche liquide
- beurre pour le moule
- 200 g de sucre en poudre
- 1 pincée de sel

Ustensile

- moule à manqué de 18-20 cm de diamètre

1 **La préparation de la pâte.** Préchauffez votre four à 170 °C (th. 5-6). Beurrez un moule à manqué, couvrez le fond d'un disque de papier sulfurisé, beurrez-le également. Versez 400 g de purée de marrons dans un saladier. Cassez 3 œufs en séparant les blancs des jaunes. Ajoutez les jaunes à la purée de marrons. Mélangez soigneusement.

2 **L'incorporation des blancs.** Tamisez au-dessus de la préparation aux marrons 1 grosse cuillère à soupe de cacao. Ajoutez 200 g de sucre et 1/2 cuillère à café de vanille. Mélangez longuement pour obtenir une pâte homogène. Ajoutez 1 pincée de sel aux blancs d'œufs. Battez-les en neige ferme. Incorporez-les délicatement à la pâte.

3 **La cuisson.** Versez la pâte dans le moule, secouez le récipient pour l'égaliser. Mettez au four et laissez cuire pendant 1 h. Vérifiez la cuisson en plantant la lame d'un couteau au centre de l'entremets : elle doit ressortir nette. Sortez le moule du four et laissez refroidir complètement l'entremets sans le démouler.

4 **La sauce.** Quelques minutes avant de servir, cassez 200 g de chocolat noir en morceaux. Mettez-les dans une jatte supportant la chaleur. Placez la jatte au-dessus d'un bain-marie et laissez fondre le chocolat. Ajoutez 10 cl de crème fraîche liquide, mélangez bien, versez dans une saucière. Démoulez l'entremets et servez.

› Astuce

Le mariage du chocolat et des marrons est toujours une réussite, d'autant plus lorsque la préparation est moelleuse. Choisissez une purée de marrons nature, sans sel ni sucre et optez pour un chocolat « dessert » comportant au moins 64 % de cacao.

Préparation : 15 minutes | Repos : aucun | Cuisson : 1 heure | Réalisation : facile | Coût : assez cher

Un entremets moelleux évoquant irrésistiblement les savoureux marrons d'Ardèche, enrichi d'une sauce au chocolat à la saveur affirmée.

› Astuce

Évitez de faire bouillir l'eau du bain-marie : elle doit être juste frémissante. Laissez fondre le chocolat sans y toucher pendant quelques minutes, puis vérifiez qu'il a bien fondu en le piquant avec la pointe d'un couteau : vous ne devez sentir aucune résistance.

Entremets *au chocolat blanc praliné*

Ingrédients
(pour 4 à 6 personnes)

- 150 g de chocolat blanc
- 20 g de copeaux de chocolat noir
- 30 g de pralin
- 1 cuillère à café de zeste d'orange râpé
- 3 cuillères à soupe de liqueur d'amande
- 1 cuillère à soupe de cacao
- 1 œuf
- 20 cl de crème fraîche liquide
- beurre pour la plaque
- 30 g de sucre en poudre
- 25 g de farine
- 1 pincée de sel

Ustensile

- cercle de 16 cm

1 **Le mélange jaune-sucre.** Préchauffez votre four à 150 °C (th. 5). Beurrez une plaque à biscuit. Cassez 1 œuf en séparant le blanc du jaune. Fouettez le jaune avec 30 g de sucre, jusqu'à ce que le mélange triple de volume.

2 **La pâte à biscuit.** Battez le blanc d'œuf en neige ferme, avec 1 pincée de sel. Ajoutez délicatement 15 g de farine au jaune sucré. Incorporez ensuite la moitié du blanc en neige, puis 10 g de farine et enfin le reste du blanc.

3 **La cuisson du biscuit.** Versez la pâte sur la plaque beurrée, sur 1 cm d'épaisseur. Lissez la surface avec une spatule métallique. Faites cuire 30 min au four. Démoulez sur une grille et laissez refroidir. Râpez 150 g de chocolat blanc.

4 **La crème au pralin.** Faites tiédir 5 cl de crème au bain-marie. Ajoutez le chocolat râpé et laissez fondre à feu doux, en remuant régulièrement. Séparez la préparation en deux. Ajoutez 30 g de pralin à l'une des moitiés.

5 **La préparation du fond.** Ajoutez 1 cuillère à café de zeste d'orange à l'autre moitié. Taillez le biscuit avec un cercle à flan, sur un plat de service. Imbibez-le de 3 cuillères à soupe de liqueur d'amande. Fouettez 15 cl de crème fraîche liquide.

6 **Le montage.** Ajoutez à chaque crème la moitié de la crème fouettée. Versez la mousse au pralin sur le biscuit, tamisez dessus 1 cuillère à soupe de cacao. Couvrez avec la deuxième mousse. Ajoutez 20 g de copeaux de chocolat. Réfrigérez 3 h.

Préparation : 30 minutes | Réfrigération : 3 heures | Cuisson : 30 minutes | Réalisation : assez facile | Coût : assez cher

Une mousse au chocolat blanc pralinée et une mousse au chocolat blanc à l'orange superposées sur un fond de biscuit parfumé à l'amande.

›Astuce

Peu importe que la forme de la pâte soit irrégulière lorsque vous la mettez à cuire, pourvu qu'elle ait au moins 16 cm de diamètre. Elle sera régularisée avec le cercle à flan. Au moment de servir, passez la lame d'un couteau le long du cercle et retirez-le délicatement.

Infante *noire*

Ingrédients
(pour 4 personnes)

2 cuillères à soupe de cacao

100 g de cerneaux de noix

10 cl de liqueur à l'amande

12 biscuits roses de Reims

1 œuf

125 g de beurre

125 g de sucre en poudre

1 pincée de sel

Ustensile

cercle en inox de 16 cm de diamètre

1 **LA PRÉPARATION DES NOIX.** À l'aide d'une râpe cylindrique, râpez 100 g de cerneaux de noix jusqu'à l'obtention d'une poudre fine. Faites ramollir 125 g de beurre au four à micro-ondes 1 min. Ajoutez 125 g de sucre et mélangez avec une cuillère en bois. Cassez 1 œuf en séparant le blanc du jaune. Incorporez le jaune d'œuf au beurre sucré.

2 **LA PRÉPARATION DES BISCUITS.** Incorporez ensuite les noix, puis 2 cuillères à soupe de cacao en le tamisant. Ajoutez 1 pincée de sel au blanc d'œuf et battez-le en neige très ferme. Incorporez-le à la préparation. Posez un cercle de 16 cm sur un plat à gâteau. Coupez 12 biscuits roses de Reims à la hauteur du cercle augmentée de 1 cm.

3 **LE POSITIONNEMENT DES BISCUITS.** Versez 10 cl de liqueur à l'amande dans une assiette creuse. Trempez la face non sucrée des biscuits dans la liqueur et rangez-les à l'intérieur du cercle, côté coupé contre le fond, face sucrée contre le cercle. Versez la moitié de la préparation dans le cercle. Coupez les chutes de biscuit en deux, à l'horizontale.

4 **LA FINITION DE L'INFANTE.** Trempez rapidement les chutes de biscuit dans le reste de la liqueur, déposez-les sur la mousse, recouvrez avec le reste de la mousse. Lissez la surface avec une spatule métallique et laissez durcir pendant au moins 4 h au réfrigérateur. Pour servir, passez la lame d'un couteau autour du cercle et retirez délicatement celui-ci.

› Dégustation

Contrôlez la fraîcheur des noix : vérifiez la date limite de consommation ou, si vous les achetez en vrac, goûtez-les.
Choisissez si possible une liqueur à l'amande à base de cognac, ne titrant pas plus de 20 % d'alcool.

*Des biscuits roses parfumés
avec une liqueur à l'amande
enserrent une mousse aux noix
délicieusement chocolatée.*

›Astuce

Mieux vaut éviter d'utiliser un robot électrique pour hacher les noix car vous risqueriez d'obtenir une pâte qui rendrait la préparation trop lourde. L'idéal serait d'employer une râpe cylindrique actionnée avec une manivelle et munie d'un « poussoir » utilisée généralement pour râper du fromage ou des carottes.

Mini-marquises au chocolat, *crème au café*

Ingrédients
(pour 4 personnes)

- 175 g de chocolat noir
- 30 g de speculoos
- 6 cuillères à soupe de liqueur au café
- 2 œufs + 1 jaune
- 30 cl de crème liquide à 4 %
- 80 g de beurre (+ pour les moules)
- 30 g de sucre glace
- 40 g de sucre en poudre

Ustensiles

- 4 ramequins

1 **LE CHOCOLAT FONDU.** Cassez 175 g de chocolat en morceaux. Mettez-les dans une jatte avec 3 cuillères à soupe de liqueur au café. Posez la jatte sur une casserole d'eau frémissante, laissez fondre à feu doux, puis laissez tiédir.

2 **L'APPAREIL AU CHOCOLAT.** Travaillez 80 g de beurre avec 30 g de sucre glace. Cassez 2 œufs en séparant les blancs des jaunes. Ajoutez les 2 jaunes au beurre et incorporez le chocolat fondu presque froid. Battez les blancs d'œufs en neige.

3 **LE MOULAGE.** Incorporez délicatement les blancs au chocolat. Répartissez la préparation dans 4 ramequins beurrés et laissez durcir 4 h au réfrigérateur. Réduisez 30 g de speculoos en poudre en les pilonnant dans un mortier.

4 **LA PRÉPARATION DE LA CRÈME.** Travaillez 1 jaune d'œuf avec 40 g de sucre. Portez à ébullition 30 cl de crème liquide, versez-la sur l'œuf sucré en mélangeant. Reversez dans la casserole et faites cuire jusqu'au premier bouillon, en remuant.

5 **L'AJOUT DES PARFUMS.** Retirez la casserole du feu, ajoutez les speculoos en poudre, remuez soigneusement, puis versez 3 cuillères à soupe de liqueur de café et mélangez à nouveau. Laissez refroidir la crème à température ambiante.

6 **LE SERVICE.** Pour servir, trempez les ramequins dans de l'eau chaude, passez la lame d'un couteau tout autour pour les démouler sur des assiettes. Déposez un cordon de crème autour des marquises et présentez le reste à part.

Préparation + cuisson : 20 minutes | *Réfrigération : 4 heures* | *Réalisation : assez facile* | *Coût : assez cher*

Des mini-marquises au chocolat rehaussé de café,
nappées d'une crème onctueuse au parfum de cannelle :
le comble du raffinement...

›Astuce

Sortez le beurre à l'avance du réfrigérateur ou passez-le 20 secondes au four à micro-ondes, puis travaillez-le à la cuillère pour le réduire en crème bien lisse. Mélangez ensuite longuement le beurre et le sucre. Battez vigoureusement en incorporant le chocolat.

Miroir *aux framboises*

Ingrédients
(pour 8 personnes)

- 500 g de framboises
- 1/2 citron
- 8 cl de jus de fraise ou de framboise
- 35 cl de crème fraîche liquide
- 250 g de sucre en poudre
- 20 g de gélatine en feuilles

Ustensile

- cercle à bavarois de 24 cm

1 **LA PURÉE DE FRAMBOISES.** Mixez 500 g de framboises avec le jus de 1/2 citron. Tamisez. Mesurez 35 cl de cette purée de fruits. Mettez à tremper dans un bol d'eau froide 14 g de feuilles de gélatine pour qu'elles se ramollissent.

2 **LE SIROP.** Faites bouillir 12 cl d'eau avec 170 g de sucre. Hors du feu, ajoutez les feuilles de gélatine préalablement essorées entre vos doigts. Mélangez pour qu'elles se dissolvent dans le sirop bouillant.

3 **LA PRÉPARATION À BAVAROIS.** Incorporez les 35 cl de purée de framboise. Transvasez dans un récipient froid et remuez de temps à autre avec une spatule en bois pour accélérer le refroidissement. Fouettez 35 cl de crème liquide.

4 **LE MOULAGE.** Incorporez la crème fouettée à la préparation à bavarois bien refroidie. Posez un cercle à bavarois sur le plat de service. Garnissez de bavarois. Faites prendre au réfrigérateur pendant 3 h au minimum.

5 **LE NAPPAGE.** Mettez à tremper 6 g de feuilles de gélatine dans un bol d'eau froide. Faites bouillir 8 cl d'eau avec 80 g de sucre. Hors du feu, ajoutez la gélatine essorée et mélangez. Incorporez 8 cl de jus de fraise ou de framboise. Laissez refroidir.

6 **LES FINITIONS.** Versez le nappage sur le bavarois. Remettez au réfrigérateur pendant 1 h environ. Ôtez délicatement le cercle. Entourez éventuellement de feuilles de framboises et servez sans attendre.

Préparation : 1 heure | *Réfrigération : 4 heures* | *Cuisson : 5 minutes* | *Réalisation : délicate* | *Coût : assez cher*

En point d'orgue d'un déjeuner cérémonial ou d'une fête familiale, ce dessert est un bavarois aux framboises orné d'un glaçage.

›Astuce

Décorez simplement le bavarois de framboises fraîches. En ce cas, le cercle n'est pas indispensable. Vous pourrez mouler directement dans un moule en silicone de préférence. Trempez ensuite le fond du moule rapidement dans de l'eau chaude. Retournez sur le plat de service.

Omelette soufflée *au chocolat*

Ingrédients
(pour 4 personnes)

- 70 g de chocolat noir
- 4 œufs
- 2 cuillères à soupe de sucre en poudre
- beurre pour le plat
- 1 pincée de sel
- sucre glace (décor)

Ustensile

- plat ovale

1 **Le chocolat fondu.** Préchauffez votre four à 200 °C (th. 6-7). Cassez 70 g de chocolat en morceaux. Mettez-les dans une jatte supportant la chaleur, posez celle-ci au-dessus d'une casserole d'eau chaude et laissez fondre. Avec la pointe d'un couteau, vérifiez que le chocolat a fondu : il ne doit pas y avoir de résistance.

2 **Les œufs battus.** Mélangez le chocolat avec une cuillère et laissez-le refroidir un peu. Cassez 4 œufs en séparant les blancs des jaunes. Ajoutez 2 cuillères à soupe de sucre en poudre aux jaunes et battez avec un fouet à main. Incorporez-les au chocolat fondu à peine tiède, en continuant à bien mélanger avec le fouet à main.

3 **La finition.** Beurrez soigneusement le fond et les parois d'un plat ovale. Ajoutez 1 pincée de sel aux blancs d'œufs et montez-les en neige ferme avec un fouet électrique. Incorporez-les délicatement aux œufs chocolatés, en les enrobant avec la cuillère, sans tourner ni battre. Versez la préparation dans le plat.

4 **La cuisson.** Tracez un sillon avec la cuillère, d'un bout à l'autre du plat, au milieu de la préparation, pour permettre à l'omelette de gonfler. Mettez au four et laissez cuire de 10 à 12 min. Lorsque l'omelette est bien gonflée et légèrement ferme sous le doigt, sortez-la du four, saupoudrez-la de sucre glace et servez sans attendre.

› Astuce

Choisissez un chocolat noir à 64 % de cacao.
Ne laissez jamais bouillir l'eau du bain-marie, ce qui risquerait d'altérer la saveur et la texture du chocolat.
Servez dès la sortie du four car, tel un soufflé, l'omelette risque de retomber.

Préparation : 10 minutes | *Réfrigération : aucune* | *Cuisson : 10 minutes* | *Réalisation : assez facile* | *Coût : bon marché*

Joliment gonflée,
mais délicieusement mousseuse au palais,
cette omelette soufflée
semble n'être composée que de chocolat.

›Tour de main

Battez les blancs d'œufs dans un récipient de grande taille,
afin qu'ils aient assez de place pour monter.
Utilisez un plat pouvant être porté à table.
Beurrez-le parfaitement pour que l'omelette n'attache pas et gonfle bien.

Pudding chocolat, *banane et noix*

Ingrédients
(pour 4 personnes)

- 100 g de chocolat noir
- 3 bananes
- 80 g de cerneaux de noix
- 30 g de pistaches émondées non salées
- 2 feuilles de gélatine
- 10 cl de crème liquide très froide
- 80 g de sucre glace + 1 cuillère à soupe
- 2 œufs
- 4 cuillères à soupe de lait
- 100 g de beurre
- 1 pincée de sel
- raisins secs, amandes mondées, copeaux de chocolat (décor)

Ustensiles

- poche à douille
- moule à décor (si possible)

1 **La gélatine.** Faites ramollir 2 feuilles de gélatine dans un bol d'eau froide pendant 5 min. Coupez 100 g de beurre en morceaux et laissez-le ramollir à température ambiante. Faites chauffer 4 cuillères à soupe de lait. Égouttez la gélatine avec vos doigts, pressez-la légèrement, ajoutez-la au lait et mélangez.

2 **La base du pudding.** Cassez 100 g de chocolat en morceaux, mettez-les dans une jatte et faites fondre au bain-marie. Hors du feu, ajoutez le beurre ramolli, 2 jaunes d'œufs, 80 g de sucre glace et le lait avec la gélatine. Mélangez soigneusement. Épluchez 3 bananes et écrasez-les grossièrement à la fourchette.

3 **La finition.** Ajoutez aux bananes écrasées 80 g de cerneaux de noix et 30 g de pistaches nature. Passez le tout au robot ménager. Mélangez la purée obtenue au chocolat fondu. Battez 2 blancs d'œufs en neige ferme, avec 1 pincée de sel. Incorporez-les à la préparation. Versez dans un moule et mettez au frais pendant 2 h.

4 **Le décor.** Fouettez 10 cl de crème liquide très froide, ajoutez 1 cuillère à soupe de sucre glace en pluie en continuant à fouetter, jusqu'à ce qu'elle soit bien ferme. Démoulez le pudding sur un plat et garnissez-le de crème fouettée. Décorez avec des copeaux de chocolat, des raisins secs et des amandes mondées.

› Décoration

Déposez la crème fouettée sur le pudding à l'aide d'une poche munie d'une douille cannelée. Décorez avec des copeaux de chocolat, des raisins secs et des amandes mondées.

*Chocolat, banane et noix : trois parfums
qui se marient savoureusement
dans ce dessert familial par excellence.*

› Astuce

Incorporez délicatement les blancs à la préparation
au chocolat froide, en mélangeant de haut en bas, sans tourner ni battre.
Chemisez le moule de votre choix de film alimentaire
pour être assuré d'un démoulage aisé.

Saint-émilion *au chocolat*

Ingrédients
(pour 4 à 6 personnes)

- 175 g de chocolat
- 25 macarons de Saint-Émilion
- 5 cuillères à soupe de cognac
- 1 cuillère à café de cannelle
- 1 œuf + 1 blanc
- 10 cl de lait
- 120 g de beurre
- 100 g de sucre en poudre

Ustensile

- terrine d'environ 1 litre

1 **Le chocolat parfumé.** Travaillez 100 g de beurre avec une cuillère en bois pour le ramollir. Ajoutez 100 g de sucre et mélangez. Faites fondre 125 g de chocolat en morceaux au bain-marie. Retirez du feu et mélangez doucement. Incorporez 1 cuillère à café de cannelle. Cassez 1 œuf en séparant le blanc du jaune.

2 **La préparation de la mousse.** Battez le jaune d'œuf avec 10 cl de lait. Incorporez-le au chocolat, puis ajoutez le beurre sucré par petites quantités à la fois, jusqu'à l'obtention d'une consistance onctueuse. Montez 2 blancs d'œufs en neige ferme. Incorporez délicatement ces blancs en neige au chocolat.

3 **Le montage du Saint-Émilion.** Tapissez une petite terrine rectangulaire de film alimentaire, en le laissant dépasser autour. Mélangez 5 cuillères à soupe de cognac avec 5 cuillères à soupe d'eau. Trempez-y au fur et à mesure 25 macarons de Saint-Émilion. Couvrez le fond de la terrine avec des macarons, côté plat contre le récipient.

4 **Le nappage du Saint-Émilion.** Déposez une couche de mousse au chocolat, puis continuez en alternant macarons et mousse. Terminez par des macarons. Rabattez le film et laissez 12 h au réfrigérateur. Faites fondre 50 g de chocolat au bain-marie. Ajoutez 20 g de beurre, puis 1 cuillère à soupe d'eau. Démoulez le saint-émilion et nappez-le de chocolat.

›Astuce

Les macarons de Saint-Émilion sont une spécialité girondine. Si vous n'en trouvez pas, optez pour des macarons nature, non fourrés, moelleux. Il en faut environ 250 g. Choisissez un chocolat noir corsé à 64 % de cacao. Prenez des œufs très frais car ils ne subissent pas de cuisson.

*Une superposition de mousse au chocolat
et de macarons moelleux parfumés de cognac :
un dessert de fête à déguster avec modération.*

›Tour de main

N'ajoutez le beurre au chocolat fondu que par petites quantités, en mélangeant doucement, pour obtenir une crème onctueuse.
Ajoutez 1 pincée de sel aux blancs d'œufs avant de les battre en neige.
Pour démouler, aidez-vous du film qui dépasse et retournez le saint-émilion sur un plat.

Soufflés chauds *aux framboises*

Ingrédients
(pour 6 personnes)

- 200 g de framboises
- 50 g de pistaches mondées
- 1 cuillère à soupe de crème de framboise
- 7 blancs d'œufs + 2 jaunes
- 15 g de beurre ramolli
- 90 g de sucre glace
- 6 cuillères à café de cassonade
- 1 pincée de sel

Ustensile

- 6 moules à soufflé de 10 cm de diamètre et 6 cm de hauteur

1 **Les moules chemisés.** Enduisez le fond et la paroi de 6 moules à soufflé avec 15 g de beurre ramolli. Chemisez-les avec soin en y versant 6 cuillères à café de cassonade. Retournez-les d'un coup sec pour ôter l'excédent de sucre.

2 **Les pistaches broyées.** Faites chauffer une petite poêle antiadhésive à feu doux et versez-y 50 g de pistaches mondées. Faites-les dorer de toutes parts en les tournant à l'aide de 2 spatules. Broyez-les en poudre au mixer. Réservez.

3 **La purée de framboises.** Broyez 200 g de framboises au mixer avec 1 cuillère à soupe de crème de framboise et 50 g de sucre glace. Versez le coulis obtenu dans une jatte. Incorporez-y 2 jaunes d'œufs, en mélangeant au fouet à main.

4 **Les blancs en neige.** Montez 7 blancs en neige avec 1 pincée de sel. Lorsqu'ils commencent à durcir, versez-y 40 g de sucre glace et battez jusqu'à l'obtention d'une neige ferme. Incorporez rapidement les pistaches en poudre.

5 **La mousse.** Transvasez un quart des blancs en neige dans la purée de framboises. Mélangez délicatement à l'aide d'une spatule en caoutchouc. Incorporez en trois fois le reste des blancs d'œufs, jusqu'à l'obtention d'une mousse.

6 **La cuisson au four.** Préchauffez le four à 220 °C (th. 7-8). Répartissez la mousse dans les moules chemisés. Faites cuire les soufflés au four pendant 12 min, jusqu'à ce qu'ils soient gonflés et dorés. Dégustez-les aussitôt.

Chauds devant !
Fruités et bien gonflés, ces petits soufflés
vous permettront d'achever votre repas
sous le signe de la légèreté !

› Préparation

Plusieurs heures à l'avance, faites griller les pistaches et broyez-les.
Chemisez les moules et préparez la purée de framboises. Vingt minutes avant de servir,
battez les blancs en neige, confectionnez la mousse
et glissez les soufflés dans le four !

Soufflés chauds *aux fruits de la passion*

Ingrédients
(pour 6 soufflés)

- 900 g de gros fruits de la passion
- 3 œufs + 1 blanc
- 25 g de beurre (+ pour les moules)
- 175 g de cassonade (+ pour les moules)
- 25 g de farine
- 1 pincée de sel

Ustensiles

- 6 moules à soufflé individuels ou 6 ramequins en porcelaine culinaire

1 **La pulpe de fruits filtrée.** Ouvrez en deux 900 g de gros fruits de la passion. Prélevez la pulpe et pesez-la. Filtrez 360 g de pulpe et de graines à l'aide d'une passoire fine, en pressant fortement avec le dos de la cuillère pour en exprimer tout le jus. Mélangez le reste de pulpe et de graines avec 50 g de cassonade. Réservez au frais.

2 **La crème aux fruits de la passion.** Faites fondre 25 g de beurre dans une casserole. Ajoutez 25 g de farine et laissez cuire 2 min en remuant. Versez le jus des fruits de la passion et 125 g de cassonade. Portez à ébullition et laissez épaissir quelques minutes à feu moyen, en remuant au fouet. Hors du feu, incorporez un par un 3 jaunes d'œufs.

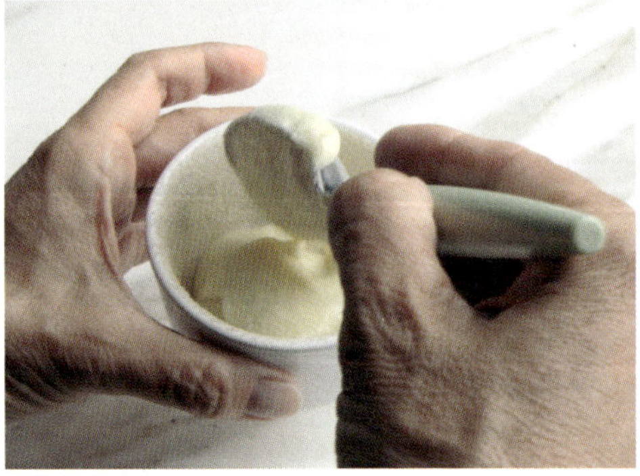

3 **Les soufflés.** Préchauffez le four à 200 °C (th. 6-7). Beurrez et saupoudrez d'une fine couche de cassonade 6 moules individuels à soufflé. Montez 4 blancs d'œufs en neige ferme avec 1 pincée de sel. Incorporez-les délicatement à la crème aux fruits de la passion. Répartissez la préparation dans les moules, avec une cuillère en bois.

4 **Les finitions.** Faites cuire les soufflés au four pendant 15 à 20 min, jusqu'à ce que le dessus soit gonflé et prenne une belle teinte caramélisée. Glissez la lame d'un couteau le long de la paroi et démoulez-les aussitôt sur des assiettes. Entourez les soufflés d'un cordon de pulpe et de graines de fruits de la passion.

›Astuce

Faites cuire la crème sans cesser de remuer, pour éviter la formation de grumeaux. Vérifiez la cuisson des soufflés en y enfonçant la lame d'un couteau : elle doit ressortir parfaitement propre.

Préparation : 1 heure | Réfrigération : aucune | Cuisson : 15-20 minutes | Réalisation : assez facile | Coût : assez cher

Des petits soufflés très parfumés,
aussitôt démoulés et présentés sur des assiettes,
entourés d'un cordon de fruits de la passion !

› Tour de main

Dès la sortie du four, démoulez les soufflés. Retournez-les à l'aide d'une pelle à tarte et placez-les sur des petites assiettes, de façon à ce que le côté caramélisé soit mis en évidence.

Soufflé au chocolat *et au gingembre*

Ingrédients
(pour 4 à 6 personnes)

- 200 g de chocolat noir
- 40 g de gingembre frais
- 6 blancs œufs + 4 jaunes
- 25 cl de lait
- beurre pour le moule
- 80 g de cassonade + 2 cuillères à soupe
- 1 sachet de sucre vanillé
- 30 g de fécule de pomme de terre
- 1 pincée de sel

Ustensile

- moule à soufflé de 18 cm de diamètre

1 **La crème à la vanille.** Faites bouillir 25 cl de lait et 1 sachet de sucre vanillé. Dans une jatte, fouettez 4 jaunes d'œufs avec 80 g de cassonade, puis 30 g de fécule. Versez le lait bouillant dans la jatte en remuant. Transvasez le mélange dans une casserole et portez à ébullition à feu très doux, sans cesser de remuer. Réservez.

2 **Le gingembre frais.** Épluchez 40 g de gingembre frais. Râpez-le. Recueillez la pulpe et pressez-la entre vos doigts pour en extraire le jus. Versez-le dans la crème à la vanille et mélangez. Beurrez le fond et la paroi d'un moule à soufflé de 18 cm de diamètre. Chemisez-le soigneusement avec 2 cuillères à soupe de cassonade.

3 **Le chocolat fondu.** Préchauffez le four à 200 °C (th. 6-7). Cassez 200 g de chocolat noir en petits morceaux et faites-le fondre au bain-marie. Lissez à la cuillère en bois. Versez le chocolat fondu sur la crème à la vanille parfumée au gingembre. À l'aide d'un batteur, montez 6 blancs d'œufs en neige ferme avec 1 pincée de sel.

4 **Le soufflé.** À l'aide d'une spatule en caoutchouc, incorporez délicatement les blancs en neige au mélange précédent. Transvasez la préparation dans le moule chemisé. Glissez-le dans le four et faites cuire pendant 30 min, jusqu'à ce que le soufflé soit bien gonflé. Servez-le aussitôt, dans son moule de cuisson.

› Préparation

Un soufflé servi en fin de repas nécessite une certaine organisation : chemisez le moule et préparez la crème au gingembre à l'avance. Au dernier moment, faites fondre le chocolat et montez les blancs d'œufs en neige.

Un soufflé chaud à déguster aussitôt...
Les amateurs apprécieront le subtil parfum du gingembre frais,
partenaire idéal du chocolat !

› Astuce

Un moule bien chemisé facilite la montée du soufflé.
Vous pouvez remplacer la cassonade par de la farine,
bien que les petits grains de sucre
apportent une touche plaisante et plus décorative.

Soufflé en coque *d'orange*

Ingrédients
(pour 5 personnes)

- 5 grosses oranges
- 3 cl de sirop d'orange
- 3 œufs
- 20 cl de lait
- 15 g de beurre
- 60 g de sucre en poudre (+ 1 pincée)
- 30 g de Maïzena
- 1 pincée de sel
- sucre glace (décor)

1 **Les oranges.** À l'aide d'un couteau bien affûté, décalottez 5 grosses oranges. Taillez très finement la base des fruits pour l'aplanir sans percer l'écorce afin que les coques tiennent debout dans le plat lors de la cuisson. Évidez la chair des fruits. Pressez la pulpe obtenue et mesurez 5 cl de jus. Cassez 3 œufs en séparant les blancs des jaunes.

2 **La crème à l'orange.** Délayez dans une casserole 20 cl de lait avec 30 g de Maïzena. Ajoutez 60 g de sucre. Portez à ébullition en remuant et ajoutez le jus d'orange. Portez de nouveau à ébullition et, hors du feu, ajoutez immédiatement les jaunes d'œufs. Mélangez énergiquement et incorporez 15 g de beurre en parcelles.

3 **La garniture.** Montez les blancs en neige avec 1 pincée de sucre et 1 pincée de sel. Continuez à battre en incorporant 3 cl de sirop d'orange et incorporez délicatement à la crème précédente. Garnissez les coques d'orange de cette mousse sans les remplir entièrement car le soufflé va monter à la cuisson.

4 **La finition.** Mettez les oranges dans un plat allant au four en vérifiant qu'elles tiennent en équilibre. Mettez aussitôt dans le four préchauffé à 180-200 °C (th. 6-7) et laissez cuire pendant 10 min environ. Saupoudrez de sucre glace à la sortie du four et servez immédiatement, en décorant éventuellement d'une feuille d'agrume.

›Astuce

Les blancs d'œufs peuvent absorber une grande quantité de liquide. Pour un résultat encore plus léger, augmentez la quantité de sirop d'orange (auquel on peut adjoindre un alcool).

Préparation : 40 minutes | *Réfrigération : aucune* | *Cuisson : 10 minutes* | *Réalisation : facile* | *Coût : assez cher*

Une présentation originale pour ces soufflés
nichés au creux d'une écorce d'orange.
Aussi beaux que bons !
Pour un dîner léger et raffiné.

› Variante

Remplissez ces coques d'une préparation aux fruits de la passion : faites cuire pendant 7 min 125 g de sucre et 4 cl d'eau. Ajoutez 100 g de purée de fruits de la passion et prolongez la cuisson de 5 min. Versez sur 6 blancs d'œufs en neige en fouettant, moulez et faites cuire au four.

Zuccotto *au chocolat*

Ingrédients
(pour 6 personnes)

- 160 g de chocolat noir
- 25 g de cacao
- 125 g de fruits confits hachés
- 5 cuilères à soupe de cognac
- 5 cuilères à soupe d'amaretto
- 1 citron
- 2 œufs
- 30 cl de crème fraîche liquide très froide
- 125 g de beurre (+ pour le moule)
- 125 g de sucre en poudre
- 75 g de sucre glace
- 100 g de farine

Ustensiles

- moule à cake de 24 cm
- moule en forme de dôme

1 **La confection de la pâte.** Préchauffez le four à 200 °C (th. 6-7). Beurrez un moule à cake. Faites fondre 125 g de beurre à feu doux. Battez 2 jaunes d'œufs avec 125 g de sucre en poudre. Tamisez ensemble 100 g de farine et 25 g de cacao. Incorporez-les aux jaunes sucrés tout en ajoutant le beurre fondu pour faciliter le mélange.

2 **L'ajout des blancs en neige.** Râpez 1 citron et ajoutez son zeste. Battez 2 blancs d'œufs en neige ferme. Incorporez-en le quart pour détendre la pâte. Ajoutez délicatement le reste des blancs d'œufs. Versez la pâte dans le moule, faites cuire 40 min au four. Démoulez et laissez refroidir sur une grille. Tapissez de film alimentaire un moule en forme de dôme.

3 **La préparation du moule.** Coupez le biscuit froid en tranches fines et étroites. Recoupez-les à la hauteur du moule. Tapissez-en ce dernier. Arrosez-les avec 4 cuillères à soupe de cognac et 4 cuillères à soupe d'amaretto mélangés. Faites fondre 100 g de chocolat au bain-marie. Fouettez 30 cl de crème liquide, en y incorporant peu à peu 75 g de sucre glace.

4 **La finition.** Hachez 60 g de chocolat, incorporez-le à la crème fouettée ainsi que 125 g de fruits confits hachés et le chocolat fondu. Emplissez le moule, couvrez avec les chutes de biscuit, arrosez-les avec 1 cuillère à soupe de cognac mélangée avec 1 cuillère à soupe d'amaretto. Rabattez le film par-dessus. Laissez 12 h au réfrigérateur.

›Tour de main

Posez les tranches de biscuit en les faisant légèrement se chevaucher et coupez-les à la hauteur de la crème.
N'ajoutez le chocolat fondu à la crème fouettée que lorsqu'il est bien froid.

Préparation : 1 heure | *Réfrigération : 12 heures* | *Cuisson : 40 minutes* | *Réalisation : délicate* | *Coût : assez cher*

Un dessert tout en surprise formé d'une crème riche et parfumée, enfermée dans une coque de biscuit moelleuse.

›Astuce

Si vous craignez que la crème ne tienne pas bien, incorporez-y, en la battant, une poudre spéciale (chantifix, fixacrème, etc.) vendue aux rayons des produits pour la pâtisserie.

Index